ABBÉ F. GALABERT
Curé d'Aucamville

ABBÉ J. GARY, Ch. hre
Directeur de la Revue religieuse de Cahors

MEMBRES DE PLUSIEURS SOCIÉTÉS SAVANTES

Galiot de Genouillac

Seigneur d'Assier

Grand-Maître de l'Artillerie

PARIS
ARTHUR SAVAÈTE, ÉDITEUR
76, rue des Saints-Pères

GALIOT DE GENOUILLAC

SEIGNEUR D'ASSIER

GRAND-MAITRE DE L'ARTILLERIE

Abbé F. Galabert
Curé d'Aucamville

Abbé J. Gary, Ch. hre
Directeur de la Revue religieuse de Cahors

MEMBRES DE PLUSIEURS SOCIÉTÉS SAVANTES

Galiot de Genouillac

Seigneur d'Assier

Grand-Maître de l'Artillerie

PARIS

Arthur SAVAÈTE, Éditeur

76, rue des Saints-Pères

Galiot de Genouillac

Seigneur d'Assier

Grand-Maître de l'Artillerie

Des monographies étudiées avec soin nous paraissent le moyen le plus sûr de faire faire à l'histoire de véritables progrès. C'est sous le bénéfice de cette pensée de Guizot que nous avons entrepris d'écrire la vie de Galiot de Genouillac. Nous avons, en effet, étudié l'existence de ce personnage dans les archives et dans les livres. Nous devons reconnaître toutefois que les livres et les archives nous ont livré peu de secrets, c'est ce qui explique le petit nombre de pages de ce volume. L'histoire générale n'a consacré que peu de lignes à notre héros, malgré sa brillante intervention sur nos champs de bataille; l'historien du Querci, Lacoste, a eu la bonne chance de rencontrer des mémoires longtemps conservés, au château d'Assier, sous le titre de *Généalogie manuscrite*, et qui depuis lors ont disparu; du reste il ne paraît pas y avoir fait de larges emprunts; la Bibliothèque Nationale nous a livré quelques lettres et diverses pièces; les archives ducales d'Uzès, qui auraient dû hériter de celles d'Assier, ne possèdent guère qu'un répertoire des titres de la seigneurie ; la plupart des papiers féodaux, les mémoires, souvenirs, livres de raison ont disparu, et les vieillards de Figeac savent qu'ils périrent à la Révolution dans un immense autodafé. Néanmoins, avec les restes nous avons pu rétablir la trame de la vie de Galiot, et s'il nous est défendu de dire orgueilleusement *Exegi monumentum*, nous avons la certitude de n'avoir rien écrit qui ne soit appuyé sur des titres justificatifs ; l'on constatera à chaque page que nous avons eu soin de citer nos références. Ceci soit dit pour ceux qui, selon la nouvelle méthode historique, sont curieux des sources et désireux de preuves. Pour tous, disons qu'il était expédient de recueillir les divers titres épars, avant que le temps, *tempus edax*, les fît disparaître.

La famille de Galiot

Entre toutes les provinces de France, celle du Querci fut toujours féconde en hommes de guerre; il n'en est peut-être pas qui puisse montrer une pareille suite d'illustrations militaires. La liste en serait longue depuis Luctérius, le dernier champion de l'indépendance gauloise contre César, jusqu'au maréchal Canrobert, le glorieux vaincu de Saint-Privat.

Parmi ces guerriers, il en est un auquel les historiens n'ont pas donné tout le relief qu'il mérite; il a pourtant laissé un sillon lumineux à côté de ses contemporains Bayard, Monluc, Trivulce, Gaston de Foix et autres encore.

Il s'agit de Galiot de Genouillac, seigneur d'Assier, grand-maître de l'artillerie, qu'il ne faut pas confondre avec son oncle des mêmes nom et prénom, aussi grand-maître de l'artillerie. Brantôme, qui vivait de son temps, s'exprimait déjà en ces termes : « Je suis fort estonné que nos histoires françaises n'ont plus parlé de Monsieur le grand écuyer Galiot qu'elles n'ont fait. Ç'a esté un très bon et sage capitaine en son temps[1]. » Mais après avoir ainsi parlé, Brantôme lui-même, qui écrivit longuement les aventures de Quercinois moins illustres, ne consacre à notre héros que trois pages, et encore mêlées de digressions. Nul n'a songé jusqu'à présent à réparer cette injustice, et, sauf en un ou deux articles de revues[2], la patrie n'a point donné un témoignage d'estime, une marque de souvenir à ce vaillant fils qui la servit avec distinction dans la paix et dans la guerre, et qui, sans l'impatience du roi-chevalier, aurait fait de la défaite de Pavie une victoire éclatante.

1. Brantôme, *Vie des grands capitaines français.*

2. Archives historiques de la Saintonge et de l'Aunis, t. IV, 370. D. d'Aussy, *Un seigneur de Lonzac : Jacques Galliot de Genouillac.* Nous y ferons plus d'un emprunt.

La Plume et l'Epée, 1er février 1894, H. Gourdon de Genouillac, *Jacques de Genouillac, dit Galiot*, avec portrait et signature.

Nous essayons ici, dans la mesure de nos forces, de combler cette lacune.

Assier est un petit bourg perdu au milieu des causses du Querci; le silence de la nature n'y est guère troublé que par le chant grêle des cigales et le sifflet strident des locomotives. Au-dessous des chênes rabougris, des murailles en pierre sèche et des dolmens éffrités[1], les révolutions géologiques ont bouleversé les strates et creusé des grottes; les entrailles de la terre y recèlent des rivières ignorées, non loin du gouffre de Padirac désormais célèbre. Au bord d'une dépression où la nature semble reprendre ses droits, existait, à la fin du XVe siècle, un manoir assez délabré, nommé la *Tour du Sal*, que les Anglais avaient, dit-on, occupé pendant la guerre de Cent ans et que le comte d'Armagnac vendit ensuite à Augier De Bosc ou Du Bois; c'est là que, coïncidence d'heureux augure, naquit, le jour de la bataille de Montlhéry, 16 juillet 1465, Jacques, dit Galiot, de Gourdon de Genouillac.

Il était fils de Jean Ricard, coseigneur de Gourdon, seigneur de Genouillac, et de Catherine De Bosc, dame d'Assier, Reilhaguet et Camy.

Genouillac est un gros village du canton de Labastide-Murat, dont le nom diversement orthographié, *Genolhac*, *Ginolhac*, *Genoilhac*, servait à désigner une branche de la maison de Gourdon. Les Gourdon, qui, à l'origine de la féodalité, avaient pris le nom de leur fief, étaient célèbres dans l'histoire de la province. Le plus illustre d'entre eux fut Bertrand, qui, au siège de Chalus, lança une flèche à l'œil de Richard Cœur-de-Lion. Ce prince étant mort de la blessure, Bertrand fut saisi et écorché vif; ses descendants, fiers de la prouesse, prenant le surnom de Rickard ou Ricard, en firent le nom patronymique que l'on rencontre dans tous les documents[2]. Cela n'empêcha pas un des membres de la famille d'adopter plus tard la nationalité anglaise, et de créer, en Ecosse, une branche

1. En fouillant un dolmen, on a trouvé de courtes épées en bronze, du type de celles que portaient les guerriers gaulois dans leurs luttes contre les Romains.

2. Biblioth. du grand séminaire de Cahors, *Hist. du Pays de Querci*, Ms. de Marc-Antoine de Dominici, p. 159.

dont serait issu le général Gordon, l'héroïque défenseur de Karthoum[1]. Quoi qu'il en soit, on voit déjà quel fond il faut faire de l'assertion de l'historien Henri Martin, qui mentionne un Ricardo, père de Galiot, comme condottiere venu en France au service de Charles VIII[2]. Quant au surnom de Galiot, qui aurait lui aussi une origine italienne, sous la forme de Galeoti, on a affirmé que le susdit roi l'aurait fait prendre à notre Jacques de Genouillac[3], ou que son oncle le lui aurait imposé. Qu'importe? Nous ne nous attarderons pas à des discussions inutiles.

Il serait sans intérêt pour notre récit de reproduire ici les généalogies des Gourdon, que l'on trouve dans les ouvrages de Moréri et du Père Anselme. Nous mentionnerons seulement Pierre Ricard, coseigneur de Gourdon, seigneur de Genouillac, qui servait en 1421; il se trouva à la levée du siège d'Orléans par Jeanne d'Arc, et au recouvrement d'Ienville en 1429[4]. Il épousa, en 1428, Anne de La Tour, dont il eut trois fils, Jean, Jacques et autre Jean, père de Galiot. Un mot sur chacun d'eux.

Parlons d'abord de Jean de Ricard, dit de Genouillac. Les documents de l'époque nous le dépeignent comme un vaillant chevalier, qu'on avait vu *hanter les guerres tant en l'estat d'hommes d'armes que comme ung des cent gentilz hommes de la maison du roy..., aller aux guerres et conquestes de Bretagne, de Naples, de Millan, de Bourgogne et ailleurs..., pourter la hache d'armes, et le faisoit beau veoir et estoit toujours bien monté et avoit bon bruit d'estre hardi et vaillant chevalier*. Il se trouva à la bataille de Saint-

1. *Bulletin de la Soc. des Études du Lot*, t. X, J. Gary, *Le général Gordon*. Indépendamment de deux documents qui rattachent les Gordon d'Ecosse aux Gourdon du Querci par Fortanier de Gourdon, la ressemblance des armoiries est un fait qu'il ne faut pas dédaigner : outre 3 hures de sanglier d'or aux 1 et 4, les Gordon portent aux 2 et 3, comme les Gourdon aux 1 et 4, d'azur à 3 étoiles d'or en pal.

2. H. Martin, *Hist. de France*, VII, 444. De cet auteur, qui reçut de l'Académie un prix de vingt mille francs, on a dit plaisamment, mais non sans justice, qu'il était récompensé à raison d'un franc par erreur.

3. Biblioth. de la ville de Cahors, Ms de Guyon de Maleville.

4. Dict. de Moréri, art. *Gourdon*. — Biblioth. de la ville de Cahors, Ms de l'abbé de Fouilhac, tiré des arch. du château d'Assier.

Aubin, 1488, où fut tué son frère du même nom; à Fornoue, 6 juillet 1495; à Guinegate, 4 août 1499; il prit part à la conquête du Milanais, sous Louis XII; enfin il conduisit en Navarre le ban et arrière-ban de la noblesse de Querci, en 1503[1].

Il avait épousé Jeanne de Rassiels, veuve d'Auger De Bosc. Il fut la tige des Gourdon-Vaillac que nous croyons éteinte et dont les biens ont passé aux Pardaillan-Gondrin. Il testa le 6 avril 1456, léguant deux cents écus à Jacques, son frère, et instituant son autre frère Jean, seigneur d'Assier, tuteur de ses enfants[2]. C'est son fils que nous retrouverons lieutenant de notre Galiot dans la charge de sénéchal de Querci[3].

Jacques, dit Galiot comme notre héros, eut un rôle encore plus brillant. Conseiller et chambellan du roi, il fut d'abord homme d'armes de la compagnie de Dunois, en 1465. Louis XI, qui savait reconnaître les hommes de valeur, frappé de ses qualités militaires, le nomma lieutenant de l'artillerie en 1473, capitaine de la grande

1. *Bulletin de la Soc. des Etudes du Lot*, t. XXII, 2e fascicule, *Quelques gentilshommes du Querci...*, enquête en français, publiée par M. Galabert, et dont une erreur de prote attribue la publication à Jean de Beaulat, commissaire enquêteur, qui signa l'enquête.

2. *La Plume et l'Epée*, déjà cité.

3. De lui descendent trois évêques de Tulle : Louis, mort dans les premiers jours de 1582; Flotard, frère du précédent, qui reçut ses bulles le 8 juin suivant et qui testa le 7 mars 1586; Jean, qui mourut en janvier 1652. Les deux premiers avaient eu en commende l'abbaye de Roc-Amadour. (*Bulletin de la Corrèze*, XVIII, 25. F. Galabert, *Inventaire du mobilier de Flotard de Ginolhac, évêque de Tulle.* — Id., XIX, 223, *Vente aux enchères du mobilier de Loys de Genoilliac, évêque de Tulle.*) Parmi ses descendants, il faut encore compter un hardi capitaine Louis, neveu de l'évêque; il fut sénéchal de Querci, gouverneur du Château-Trompette à Bordeaux, père de vingt et un enfants, dont l'aîné, Ratier, introduisit en France les Carmes de Sainte-Thérèse, et dont une fille, Galiote, mourut en odeur de sainteté, en 1615, grande-prieure de l'hôpital Beaulieu, où elle réforma les religieuses maltaises. Moréri dit d'elle : « Elle avait reçu sur les fonts baptismaux le nom glorieux de Galiot, son immortel aïeul, et il fallait que le sang de l'illustre grand-maître de l'artillerie fût bien véritablement celui des grands hommes, puisqu'on le trouve sublime même dans les veines d'une femme. » M. l'abbé Cyp. Lacarrière a écrit : *Vie de la vénérable Mère Galiote de Sainte-Anne de Gourdon-Genouillac-Vaillac*, Toulouse, in-8°, 1869.

bande cinq ans après. Enfin il le pourvut de la charge de maître, visiteur et réformateur de l'artillerie, par ordonnance à Plessis-lez-Tours, le 14 décembre 1479[1] (le titre de grand-maître ne fut créé qu'en 1606, en faveur du duc de Sully, et ce n'est que pour nous conformer à la coutume que nous employons ce terme). Ses appointements s'élevaient à cinq cents livres par an[2]. Il fut maintenu par Charles VII dans sa charge et il l'exerça jusqu'à sa mort, arrivée le 10 mars 1493. Il avait été fait sénéchal de Beaucaire en 1480.

Il avait épousé Catherine Flamenc, dame de Brussac, Ansac, Saint-Projet. C'était un homme entier, de mœurs quelque peu féodales. Les écrits contemporains font de lui, au point de vue de la justice, un portrait assez peu flatteur. Il était *crainct plus que le roy*, et nul n'osait lui *déplaire en rien*. Dans un procès contre la famille de Salagnac, il fit déplacer les bornes des terres de Saint-Projet, Béluguier, Cases, Boysseton, Caseton, Lacourtade et du Vigan qui lui étaient contestées. Il fit enlever, en cette circonstance, les gerbes des dîmes, et emprisonner, sans forme de procès, les tenanciers qui lui refusaient les reconnaissances déjà consenties aux légitimes seigneurs. Il faisait exécuter par ses paysans, sans leur payer de salaire, les charrois nécessaires à la construction d'une tour de son château de Saint-Projet[3]. Il n'eut qu'une fille, Marguerite, qui épousa Pierre de Durfort[4].

C'est lui qui servit de père à notre Galiot, son neveu.

Jean suivit, comme ses frères, la carrière des armes. La noblesse d'épée n'avait d'autre vocation que de fournir des prélats à l'Eglise et de verser son sang sur tous les champs de bataille, ce qui suffisait bien pour justifier les privilèges dont cette classe sociale jouissait. Il se distingua, le 28 juillet 1488, à Saint-Aubin-du-Cormier, sous les ordres de La Trémouille ; il avait lui-même imaginé le

1. Lacoste, *Histoire du Quercy*.

2. *La Plume et l'Épée*, déjà cité.

3. *Quelques gentilshommes du Querci...*, déjà cité.

4. De Rosoy, *Annales de la ville de Toulouse*. L'auteur de *La Plume et l'Épée* lui donne deux filles.

plan de cette bataille. La Trémouille ayant séparé les lansquenets de l'infanterie bretonne, Jean de Genouillac, avec cent hommes d'armes bardés de fer, les chargea en queue et les écrasa. Il trouva la mort dans cette charge brillante. Le roi voulut qu'il fût enseveli à Angers, dans la chapelle des ducs d'Anjou, où l'on voyait jadis son tombeau[1]. Il avait épousé Catherine de Bosc, dame d'Assier, fille d'Hugues de Bosc et de Jeanne de Rassiels, dame de Vaillac. De cette union, naquit Jacques, dit Galiot, qui fait l'objet de la présente publication, et quatre filles qui eurent les alliances suivantes : Jeanne épousa Jean de La Roque-Bouillac; Catherine, s'allia à Raimond de Tourlon, seigneur d'Orlhonac; Jacquette, à d'Annet de Turenne, baron d'Aynac, chevalier de l'ordre, lieutenant de l'artillerie; Anne fut grande-prieure de l'hôpital Beaulieu.

Les débuts de Galiot

Jacques, le premier Galiot, se voyant sans enfants mâles et se sentant vieillir, frappé au cœur par la perte de son frère tué à Saint-Aubin, voulut se survivre en son neveu. Le jeune Jacques était un garçon de bonne mine; il voulut lui frayer le chemin vers les honneurs auxquels il était lui-même parvenu. L'ayant mandé à Paris auprès de lui, il lui donna, selon la coutume de l'époque, une éducation exclusivement militaire. Le jeune homme eut les meilleurs maîtres; il réussit merveilleusement dans les exercices estimés à la cour, comme de manier la lance et l'épée et de diriger un cheval avec grâce et adresse : « Le vieillard aimait son neveu, comme s'il eût été son fils; il était devenu sourd, aussi le faisait-il suivre partout où il allait et l'appelait-il plaisamment : *mes oreilles*. Il tenait essentiellement à le présenter à la cour. Il profita de ce qu'il avait dans ses écuries un superbe cheval : il résolut de l'offrir au roi et le lui envoya monté par Jacques. Charles VIII accepta le cheval et admit immédiatement le cavalier parmi ses pages. *Tels furent*

1. Bibl. de la ville de Cahors, Ms attribué à Cathala-Coture.

les commencements de son parvenir, dit un auteur contemporain[1].

Bientôt après, il passa, des pages, dans le brillant escadron des gardes du corps de Charles VIII, qu'on désignait sous le nom de *preux du roy* ou des cent gentilshommes. En 1491, le roi le choisit pour son écuyer, *pour les bons services*, est-il dit dans les lettres patentes, *qu'il nous a rendus dans son jeune eage que l'avons nourri page*. Il le nomma aussi un des curateurs de Charles d'Armagnac, dont l'esprit s'était considérablement affaibli par une longue détention à la Bastille[2].

L'année suivante, toujours en reconnaissance des services rendus, il l'éleva à la dignité de grand écuyer du Dauphin; il lui confia l'emploi de viguier de Figeac, qui était alors fort important et que Auger de Bosc, son grand-père maternel, avait occupé[3].

Il est facile de constater que, malgré son jeune âge, Galiot avançait rapidement dans la carrière des honneurs. La mort de son oncle, survenue le 16 mai 1493, n'arrêta point sa course, car les amis du vieux maître de l'artillerie le maintinrent dans la faveur du prince : aussi cette même année, était-il nommé gouverneur du château de Najac en Rouergue[4]; en 1512, il touchait de ce chef trois cents livres tournois de gages[5]; il garda probablement toute la vie le gouvernement de cette place, car le 17 novembre 1530, il en donna la lieutenance à Bertrand de Barasc[6].

1. *La Plume et l'Épée*, déjà cité.

2. Lacoste, déjà cité, IV, 11.

3. Idem. En note on lit : « Nous tirons tous ces détails d'une généalogie manuscrite de la maison de Galiot de Genouillac, composée par un nommé Jean Magne, qui prend la qualité de procureur de Galiot. Nous ferons souvent usage de cet écrit, quand nous aurons à parler de cet illustre capitaine. »

4. Lacoste, déjà cité, IV, 11.

5. Bibl. Nat., 1311, pièces orig., n. 11. — 20 juillet 1512, « Nous Jacques de Genouillac, dit Galiot, conseiller et chamberlan du roy, seneschal d'Armanhac et capitaine de Najac... 300 l. t. pour un an de la saint Jean-Baptiste 1511 à la saint Jean-Baptiste 1512. » (Communiqué par Dom A. Dubourg, O. S. B.)

6. *Cabinet historiq.*, t. XV, 2e partie. Documents relatifs à la ville de Najac, où sont données en référence les archives de cette ville. Ces pièces ont depuis lors disparu de la mairie.

Première campagne de Naples. — Bataille de Fornoue

Les moyens de se distinguer n'allaient point manquer à Galiot, car c'était le temps où nos rois firent de l'Italie, pendant un demi-siècle, leur champ de bataille. Charles VIII, voulant faire valoir les droits des ducs d'Anjou sur le trône de Naples, une expédition fut résolue; le vieux Galiot n'en put voir que les préparatifs, il mourut, laissant l'artillerie en bon état : ce corps comptait alors trente-six canons de bronze et une multitude de coulevrines et de fauconneaux[1].

La jeune noblesse française, impatiente d'un long repos, subi plutôt qu'accepté, sous le sceptre de Louis XI et sous la prudente régence d'Anne de Beaujeu, sa sœur, accourut avec empressement sous la bannière royale. Le rassemblement des troupes eut lieu à Lyon.

Avant de passer les Alpes, le roi donna dans cette ville des fêtes brillantes, dans lesquelles la noblesse fit preuve de valeur, d'adresse et de galanterie. Le jeune Galiot ne fut pas le moins remarqué des jouteurs, et si le tenant, son adversaire, exercé de longue date et dont le rôle était de se tenir sur la défensive, sortit vainqueur du combat, il n'en rendit pas moins pleine justice à l'habileté et à la vigueur de son adversaire[2]. Ce duel courtois, à une époque où la force physique et les armes de hast avaient la préférence, où le canon et l'arquebuse étaient considérés par la noblesse comme armes déloyales, attira l'attention de l'armée sur Galiot.

Les jeux finis, le roi fit Galiot capitaine de vingt-cinq hommes d'armes[3]. Charles franchit les Alpes à la tête de son armée. La terreur s'empara des peuples à la vue des brillants chevaliers français que suivaient de nombreux hommes de pied et une artillerie

1. H. Martin, *Hist. de France*, VII, 263.
2. Ms de Guyon de Maleville, déjà cité.
3. Lacoste, *Hist. du Quercy*, IV, 15.

à l'allure rapide. Nos soixante mille soldats traversèrent l'Italie au pas de charge ; le 17 novembre 1494 ils étaient à Florence, le 31 décembre ils entraient dans Rome, où le pape Alexandre Borgia, favorable à la cause française, mit sur la tête du roi la triple couronne de Sicile, de Constantinople et de Jérusalem. Sans avoir rencontré aucun obstacle sérieux, les troupes entraient à Naples le 22 février ; la campagne avait été plutôt une promenade qu'une expédition militaire : « Les Français sont venus prendre Naples, comme des fourriers, la craie à la main », dit le Pape. Nos chevaliers s'adonnèrent aux jeux et aux amusements, comme en pleine paix. Dans un des nombreux tournois qui furent le passe-temps de la noblesse, Bourdillon, Bonneval, Chasfillon et Galiot tinrent le camp contre tous allants et venants[1].

La conquête n'était pas sérieuse ; les peuples, d'abord surpris, s'organisèrent bientôt ; pendant que le roi songeait présomptueusement à une expédition sur Constantinople et à une nouvelle croisade[2], une ligue se forma pour dépouiller le monarque vainqueur, il fallut songer à la retraite. Après avoir laissé des garni-

1. Biblioth. Nat. — *Vita Francisci Galioti Acierii, turmarum ductoris et fabrorum, machinarum bellicarum in Gallia præfecti*, in-4°, 42 pages, doubles 8°.

Un ms de Guyon de Maleville, à la Biblioth. de Cahors, résumant l'ouvrage ci-dessus, dit : *Ad Neapolim cum Bonavallio, Burdillonio et Castillione omnium impetus in torneamento sustinuit.*

2. Voici quelques vers, soi-disant prophétiques, que l'on chantait, au rapport de Saint-Gelais :

Il fera si grandes batailles
Qu'il subjuguera les Itailles.
Ce fait, d'ilec il s'en ira
Et de là la mer passera,
Entrera puis dans la Grece,
Ou par sa vaillante proesse
Sera nommé roi des Grecs...
En Jérusalem entrera
Et mont Olivet montera.

(*Le Vergier d'honneur nouvellement imprimé à Paris. De l'entreprise et voyage de Naples.* — In-f°, Paris, Philippe Lenoir, lettres gothiques.)

sons dans les principales villes du royaume de Naples, on franchit sans encombre les Etats du Pape. La retraite devint difficile à travers la Toscane. On avait déjà parcouru cent lieues en pays montagneux, harcelés par de nombreux partis, quand, le 5 juillet 1495, l'armée française se trouva entourée de trente-cinq mille ennemis; elle ne comptait que huit mille hommes. La maison royale, comprenant deux cents gentilshommes divisés en deux compagnies, vingt-cinq archers écossais, quatre cents archers français, se serra autour du roi. Huit chevaliers ou, comme dit Brantôme, les huit preux, couverts d'une armure semblable à celle du roi, portant sayons et hoquetons tout brodés d'or, la hache à la main, s'étaient donné pour mission de partager ses dangers et de protéger sa personne. A côté d'eux, et l'un d'eux, combattit Galiot[1]. Les historiens prêtent au roi, en face de l'ennemi, ces paroles : *Compagnons, les ennemis sont dix fois plus nombreux, mais vous êtes Français et le roi est à votre tête.* La lutte fut courte et terrible, les ennemis se ruèrent d'abord sur les Français pour les cerner. L'attaque du bagage commença l'action, le roi accourut au danger avec sa maison. Charles VIII, vers qui tiraient les ennemis, un moment séparé des siens, fut assailli de toutes parts; il n'échappa que grâce à la vigueur de son cheval et à la bravoure de ses preux. Le premier choc des lances italiennes avait balancé l'impétuosité des Français et la force de leurs lances; ceux-ci, décidés à vaincre ou à mourir, dans un de ces élans sublimes dont nos armées sont coutumières et que les Italiens ont appelé *furia francese*, percèrent les lignes ennemies et les mirent en déroute. La bataille n'avait duré qu'une heure; quatre mille Italiens jonchaient la terre, les Français ne comptèrent dit-on, que deux cents morts; ils s'étaient rouvert la route de la France.

Le roi, qu'une mort prématurée allait enlever au château, d'Amboise, voulant récompenser les prodiges de valeur de Galiot, lui donna le titre de chambellan; il l'avait auparavant créé sénéchal d'Armagnac; l'année suivante, il lui donna le commandement de

1. Dupleix, *Hist. de France*, III.

Puymirol en Agenais, et probablement à la même époque la capitainerie de *Meullent*[1], car le 20 octobre 1498 il en touchait les gages.

Pendant un court séjour que fit le roi à Lyon, un pas d'armes y avait été organisé par Claude de Vaudrey. Le *Loyal Serviteur* dit à ce propos : « Contre lui s'essayèrent plusieurs bons et gaillards gentilshommes de la maison du bon roi Charles, tels que le sénéchal Galiot, pour lors fort gaillard et appert homme d'armes, le jeune Bonneval, Sandricourt, Chastillon, Bourdillon et Bayard. »

Quelque temps après, Galiot était, avec le même Bourdillon, aux obsèques de Charles VIII, un des seize gentilshommes qui furent chargés de porter le corps du prince aux caveaux de Saint-Denys[2].

Campagnes dans le Milanais, à Naples, à Lesbos

Louis XII, qui succédait à Charles VIII, et qui, selon un mot célèbre, n'avait pas à venger les injures du duc d'Orléans, se montra bienveillant pour Galiot ; non content de lui conserver ses charges, il lui en donna d'autres encore. Dès son avènement il le nomma son premier valet de chambre, capitaine de vingt-cinq

1. Lacoste, déjà cité, IV, 18. — La Bibliothèque Nationale possède, au volume 1311 des pièces originales, deux reçus :

1er mars 1510, « Je Jacques de Genoillac, *alias* Galliot, escuyer, capitaine pour le roi du chasteau et place du Grand castre, *alias* Puymirol, en la sénechaussée d'Agenoys et de Gascogne » ; — 20 oct. 1498, « Jacques de Genoilhac, dict Galliot, conseiller et chambellan du roy... seneschal d'Armanhac et cappitaine de Meullent... pour les gaiges de nostre office de cappitaine de Meullent ». (Communiqué par Dom A. Dubourg, O. S. B.)

Avec Galliot firent la campagne de Naples Raimond de Cardaillac, sénéchal de Querci, Ant. des Prés, seigneur de Montpezat, fils d'Hugues, chambellan de Charles VII, Simon Lefranc ; les deux premiers moururent des suites de blessures reçues à la bataille de Fornoue. Simon Lefranc y fut blessé d'un coup de canon. (Lacoste, déjà cité.)

2. Godefroy, *Hist. de Charles VIII.*

lances de son ordonnance et enfin capitaine des francs-archers à pied du Querci, Agenois et Gascogne[1].

Sur ces entrefaites, Galiot avait perdu sa mère en 1499; celle-ci avait désigné pour exécuteurs testamentaires Antoine de Loubrairie, seigneur de Laval, Annet de Turenne, son gendre, Antoine de Gasc, seigneur de Mialet. En vertu du testament fait le 15 août, cent prêtres messe chantant furent appelés aux funérailles ; un égal nombre assistèrent aux services de neuvaine et de bout d'an. La testatrice avait fondé dans l'église d'Assier un obit pour le repos de son âme, celles de son époux et de ses ancêtres[2].

A peine Galiot avait-il rendu les derniers devoirs à sa mère, que les fanfares guerrières l'appelaient à de nouveaux combats. En effet, la France jouissait de la paix depuis deux ans à peine, quand Louis XII résolut d'entreprendre une nouvelle guerre. Poussé par les suggestions belliqueuses de son entourage, oubliant le dicton que l'*Italie est le tombeau des Français*[3], il résolut de revendiquer ses droits incontestables au duché de Milan, droits qui provenaient de Valentine Visconti, son aïeule. Outre cette prétention personnelle, il lui paraissait également impossible de renoncer à la couronne de Sicile, que les Valois revendiquaient du chef des ducs d'Anjou, leurs cousins.

Le roi s'unit aux Vénitiens pour enlever le duché de Milan à l'imposteur Ludovic Sforza, dit le More. Pour former son armée, il avait reconstitué les arbalétriers sous une nouvelle forme, il avait prescrit la levée de vingt-deux mille hommes de gens de pied, dont trois mille du Languedoc et du Lyonnais.

C'est à la tête des volontaires du Querci, de l'Agenois et de l'Armagnac, et dans le corps de bataille commandé par le roi, que Galiot prit part aux succès prodigieux qui marquèrent cette nouvelle campagne. Les Gascons, nom générique sous lequel on désignait tous les hommes de son commandement, acquirent dans

1. Lacoste, déjà cité, IV, 20.
2. Lacoste, déjà cité, IV, 20.
3. Rodolphe de Habsbourg appelait l'Italie « la fosse aux loups dont on ne sortait plus quand on y était entré ».

les guerres d'Italie une renommée de bravoure légendaire. Les auteurs italiens, entre autres Paul Jove, reconnaissent à ces aventuriers une endurance extraordinaire, une vigueur et une habileté sans pareille : *patientissimi della fatica, animosi, espediti e molto destri*. En vingt jours les Français conquirent le Milanais et les Etats de Gênes; Louis XII fit à Milan une entrée triomphale, comme avait fait naguère Charles VIII à Naples. La conquête du Milanais avait été trop rapide pour être durable.

A peine le roi eut-il quitté le pays, que l'usurpateur, organisant une vaste conspiration, attaqua les garnisons françaises et redevint le maître du pays. Une nouvelle armée, promptement levée en France, fut dirigée en toute hâte sur le Milanais. Galiot y servit sous les ordres de La Trémouille. La pacification parut cette fois si complète, que Louis XII prit la résolution subite de détacher une armée qui referait la conquête du royaume de Naples.

Aidés de César Borgia, les Français entreprirent le siège de Capoue, la ville fut emportée d'assaut et, pour la punir d'une vive résistance, elle fut abandonnée au pillage et à la fureur de la soldatesque, le 25 février 1501. Les chroniqueurs assurent que la plupart des habitants furent massacrés et toutes les femmes abandonnées à la brutalité du vainqueur : acte aussi immoral qu'impolitique, les Français toujours légers oublièrent en cette circonstance que l'honneur des femmes avait été le prétexte du massacre appelé Vêpres siciliennes. Reconnaissons de plus, à la honte de nos compatriotes, que les débauches et les excès auxquels ils se livrèrent dans les guerres d'outremonts, leur causèrent le *mal de Naples*, dit depuis le mal français. Nos aventuriers garçons ne furent pas les derniers à en pâtir, ainsi que nous en avons trouvé mainte preuve. Il faut dire cependant qu'il y eut d'honorables exceptions. Bayard, le chevalier sans reproche autant que sans peur, essaya de sauver quelques-unes des victimes de Capoue. Monluc, dans ses *Commentaires* qu'il dédie aux jeunes capitaines, leur recommande de s'abstenir des femmes et du vin[1]. Le digne

1. *Commentaires de Blaise de Monluc,* éd. de la Société de l'Histoire de France, dar le baron Alphonse de Ruble, I, 33 et 39.

caractère de Galiot nous est garant qu'il imita ces nobles exemples; mais à défaut de preuves péremptoires, nous citerons un extrait des instructions données alors aux canonniers. « Chacun audit art de canonnerie doibt et lui appartient... honorer, craindre et aimer Dieu et l'avoir toujours devant les yeulx, en crainte de l'offenser plus que autres gens de guerre quelconques. Car toutes les foys qu'il tire d'une bombarde, canon ou autre baston de canonnerie, ou qu'il besoigne en faict de poudre, leur grand force et vertu font aulcunes foys rompre le baston duquel il tire, et supposé qu'il ne rompe, jà toutefois est-il en danger d'estre bruslé de la poudre, s'il n'est bien advisé et discret[1]. »

A cette époque la puissance musulmane était à son apogée. Malgré les efforts héroïques de Pierre d'Aubusson et des chevaliers de Saint-Jean de Jérusalem, Rhodes était toujours menacée par les mécréants. Bajazet II, poursuivant ses conquêtes, attaquait les colonies de Venise; sa marine était maîtresse de la Méditerranée. Le pape Alexandre VI, profitant de l'occasion du jubilé, fit appel en 1500 aux princes chrétiens, et une croisade fut résolue où tous combineraient leurs efforts. Louis XII arma un certain nombre de navires; parmi les chevaliers français qui prirent part à l'expédition, il faut signaler le sénéchal d'Armagnac, « avec vingt-cinq hommes d'armes, lesquels étaient lors en garnison au duché de Milan, et sitôt qu'ils surent la venue de leurs capitaines, et qu'avec eux il leur fallait voyager, vendirent tous leurs chevaux, réservé à chacun un courtaud[2], pour les porter à Savône, où là étaient leurs capitaines[3]. » Ils s'embarquèrent à Gênes, et, sous les ordres de Pierre de Ravestain[4], qui avait le commandement en chef des galères royales, Galiot vint à Mételin ou Lesbos; il y

1. *Le Livre du secret de l'artillerie et de canonnerie*, ouvrage du XVe siècle, p. 139.

2. On appelait courtauds les chevaux de moyenne taille que montaient les chevaliers dans les marches; au moment de la bataille seulement, ils enfourchaient leurs grands chevaux ou dextriers, seuls assez grands et assez forts pour porter des guerriers armés de toutes pièces.

3. Chronique de Jean d'Aulon, éd. P.-L. Jacob, bibliophile, Paris, Silvestre, 1834, 4 vol. in-8°.

4. Guyon de Maleville, après P. Saliatus, dit : *In Lesbon cum Revastino naviga-*

rendit aux chevaliers de Saint-Jean des services que ceux-ci devaient reconnaître plus tard. C'est à cette date qu'il faut rapporter le bon mot suivant : *A[d]monesté allant à Metelin de tester : Si j'y meurs*, aurait répondu Galiot, *j'ay, après l'artillerie, des pionniers assès pour pourvoir au dernier [devoir]*.

Le crédit de Galiot grandissait avec le temps et les services rendus ; aussi obtint-il en 1503 le gouvernement de Penne-d'Albigeois, avec une grande et belle forêt de Gaitinière, *où il y avait toute sorte de bêtes fauves* [1]. Ce n'était pas un mince cadeau, malgré un droit d'usage que les commissaires royaux avaient, en avril 1332, vendu à plusieurs communautés voisines [2] ; cette forêt, appelée aujourd'hui la Grésigne, rentrée dans le domaine royal en 1785, sous le ministère de Calonne [3], d'une étendue considérable, pullule encore de sangliers et permet de fort belles chasses. Galiot y vint-il quelquefois traquer les fauves, comme le faisaient à cheval ses ancêtres, les *Cadurci* [4] ? Qu'importe !

Galiot avait, le 12 janvier 1498, acquis d'Antoine de La Tour, vicomte de Turenne, la baronnie de Gramat, y compris la châtellenie de Loubressac, et il lui avait payé quatre mille livres pour le droit de lods [5]. Il se désista en 1507 ; ces terres furent vendues le 3 août de la même année, par Béril de Fodoas à Jean d'Auriole, évêque de Montauban, et à son frère Aymard, déjà baron de Peyrilhe, Rouillon et Gironde [6]. Plus tard, en 1518, le duc d'Alençon, à qui François Ier avait cédé tous les biens des comtes d'Armagnac, vendit à Galiot la baronnie de Capdenac [7].

vit. On lit à la suite : *In campis Brigidianis* (?) *contra Helvetios multa strenue gessit.* Nous avouons ignorer à quel exploit ou à quelle campagne de Galiot l'auteur fait allusion ici.

1. Lacoste, déjà cité, IV, 23.

2. *Hist. de Languedoc*, IX, 472, note.

3. Louis Blanc, *Hist. de la Révolution française, Introduction*.

4. On a trouvé des médailles autonomes des *Cadurci* à l'effigie du sanglier. (Chaudruc de Grazannes, *Dissertation sur la Divona des Cadurci et sur les deux médailles autonomes de ce peuple*, IIe part., p. 80.)

5. Taylor, Nodier et de Caillaux, *Voyages dans l'ancienne France*.

6. Arch. de Millau.

7. Bosc, *Documents hist. sur le Rouergue*, II, 290.

Mariage de Galiot avec Catherine d'Archiac. Batailles d'Agnadel et de Ravenne

Heureux de l'amitié de son prince, riche de charges et de revenus, âgé de quarante et un ans, Galiot songea à se choisir une épouse pour laisser des héritiers de son nom et de sa fortune. Il épousa, en 1507, à Bordeaux, Catherine d'Archiac, dame de Lonzac, la plus riche héritière de la Saintonge, fille de Jacques, baron de Lonzac, et de Marguerite de Lévis, qui apporta l'illustration que donnaient à sa famille de glorieux chevaliers et plusieurs cardinaux. Et cependant, la situation que Galiot s'était acquise était peut-être encore supérieure à cette brillante alliance, s'il en faut croire le dicton qui avait cours alors :

> Chastillon, Bourdillon, Galiot et Bonneval
> Gouvernent le sang royal [1].

De cette alliance, Galiot eut une fille, Jeanne, née en 1513 [2], qui devait épouser Charles de Crussol, vicomte d'Uzès.

Les fêtes du mariage n'étaient point passées, que déjà l'on songeait à la guerre : la ligue de Cambrai, organisée en 1508, arma presque tous les Etats contre la république de Venise, dont l'insupportable orgueil indisposait l'Europe. Louis XII parut de nou-

1. Ce dicton, rapporté par Monluc, se trouve ainsi transformé par quelques auteurs :

> Epiny, Chastillon et Bonneval
> Gouvernent le sang royal.

Brantôme, dans la *Vie de Chastillon*, cite le même proverbe et ajoute : *Aulcuns y mirent Galliot qui fut depuis le grand escuyer Galliot* (note de M. Alph. de Ruble dans les *Commentaires de Bl. de Monluc*, I, 11).

2. Biblioth. de Cahors, Ms de Fouilhac. « Les historiens ont noté cette date, parce que ladite dame fut le fléau du Quercy en y introduisant le protestantisme », dit Lacoste, déjà cité, IV, 35.

veau en Italie avec une armée formidable. Galiot, qui, selon son épitaphe, n'eut jamais repos en sa vie, ne pouvait demeurer au foyer quand son roi courait après la gloire; aussi se trouva-t-il à la bataille d'Agnadel, dans le corps de bataille où commandait le roi. L'impétuosité des Français, la bravoure opiniâtre du roi, la présence d'esprit de Galiot, ajoutèrent un nouveau fleuron à la gloire de notre pays ; la rencontre avait eu lieu le 10 mai 1509.

Quatre ans après, nouvelle campagne, nouvelle victoire. Les Italiens, ligués par le pape Jules II et unis aux Espagnols, furent défaits à Ravenne, sous le commandement de Gaston de Foix, duc de Nemours. Ce général perdit la vie en cette rencontre, qui eut lieu le jour de Pâques 1512. Galiot avait fait de tels prodiges de vaillance, que, sur le champ de bataille, il fût nommé *maistre, capitaine général de l'artillerie*, en remplacement de Paul Busserade, seigneur de Chépy, qui avait été tué d'un coup de canon.

Entre temps, on fit campagne en Navarre, et Galiot s'y trouva avec son oncle, qui commandait le ban et l'arrière-ban de la noblesse du Querci ; mais cette campagne, qui dura quatre mois, n'amena aucun résultat[1]. Cependant Galiot avait reçu le collier de l'ordre.

Par lettres du 6 août 1514, il abandonna à Jean Ricard II, chevalier, fils et héritier de Jeanne de Rassiels, baron de Gourdon, seigneur de Genouillac, Vaillac, Soucirac, Baumat, Reilhac, coseigneur de Saint-Clair, la part qu'il pouvait prétendre aux biens de la maison de Genouillac et à la succession de ladite dame de Rassiels, son aïeule maternelle. Dans cet acte, il appelle Jean Ricard son oncle et cousin germain, ce qui est exact, car celui-ci était, comme nous l'avons vu, frère utérin de Catherine de Bosc, mère de Galiot, et ils étaient en même temps fils de frères.

Dès son avènement au trône, François Ier avait donné les biens du comte d'Armagnac à Charles, duc d'Alençon, mari de Marguerite de France, sœur du roi. Déjà Louis XI en avait distrait Capdenac, qui faisait partie du comté de Rodez, pour le donner au

1. *Quelques gentilshommes du Querci...*, déjà cité.

duc de Nemours après la confiscation du comté; Galiot l'acheta à ce dernier; peu après il fut confirmé par François Ier dans les charges de sénéchal d'Armagnac et de gouverneur de Lectoure et de la vicomté de Lomagne. Il établit ensuite, avec la permission du roi, des foires dans le village de Lonzac.

En 1518, le roi lui avait donné le gouvernement des forêts qu'il avait en Angoumois. Galiot ayant appris qu'un nommé Jean Desprats, à qui il en avait confié la garde, avait permis de couper quelques arbres, le blâma fortement : « Sachez, lui dit-il, que le roi n'a rien plus à cœur que ses bois. Quand on lui demande un pied d'arbre, il semble qu'on veut lui couper une jambe[1]. » Cette sévérité dans le régime forestier valut à la France la conservation, presque jusqu'à nos jours, de bois de haute futaie à jamais disparus. L'auteur qui rapporte les paroles ci-dessus fait observer que cette lettre était écrite d'une main étrangère. Les naïfs n'en devraient pas conclure que Galiot fût illettré; la signature prouve tout au plus qu'il maniait mieux l'épée que la plume; il n'était pas plus ignorant que Monluc et d'autres contemporains; si l'ardent capitaine gascon se plaisait à citer les *Commentaires* de César, Galiot connaissait aussi bien l'histoire de son pays : la preuve en est dans deux statues de Luctérius et de Drappès, défenseurs d'Uxellodunum, exécutées par ses ordres pour orner le château d'Assier[2]. Ceci trahit en lui une préoccupation d'art et d'histoire qui est toute à son honneur et qui marque un esprit curieux de savoir.

Avec François d'Estaing, évêque de Rodez, et Louis de Cardaillac, protonotaire du Saint-Siège, prieur de Pomeyrols, il soutint, en 1524, les droits de Françoise, fille unique de Jean de Cardaillac, baron de Lacapelle-Marival, que son oncle Gilibert avait usurpés. Le Parlement de Toulouse donna raison à Gilibert, en vertu

1. Lacoste, déjà cité, IV, 42.

2. Ces deux statues en bois, d'ailleurs d'assez mauvaise facture, se trouvent maintenant au musée de Cahors. (Communication de M. de Valon, ancien député du Lot.)

de la substitution portée dans le testament de Guibert de Cardaillac, leur commun aïeul, et aussi parce que dans la famille les mâles avaient toujours succédé à l'exclusion des filles[1].

Ici se termine la première partie de la vie de Galiot et la moins brillante. Nous allons le voir maintenant dans l'exercice de la charge qui lui a valu l'illustration et la gloire.

Galiot grand-maître de l'artillerie

L'invention des canons remonte à l'an 1339 environ. A cette date, le Quercinois Hugues de Cardaillac, dans son château de Bioule, s'occupait déjà de la fonte des pièces d'artillerie et des règlements du service des places[2]; en 1345, les consuls de Cahors faisaient fondre vingt-quatre canons[3]. Si, pour la première fois en 1346, il fut fait usage du canon à la bataille de Crécy, l'organisation d'un corps d'artillerie n'est pourtant pas aussi ancienne. Elle précéda de quelques années seulement l'ordonnance royale du 28 avril 1448, par laquelle Charles VII essaya de former une infanterie permanente composée de francs-archers. Gaspard Bureau, le plus célèbre des maîtres[4] de l'artillerie du Louvre sous Charles VII, avait donné une grande importance à ce corps, aux dépens de celui des arbalétriers, qui était destiné à disparaître avec les engins névrobalistiques. Il avait recherché, en France et à l'étranger, les diverses améliorations apportées à l'artillerie à feu; il

1. Lacoste, déjà cité, IV, 48.
2. Communication de M. Ed. Forestié, membre de plusieurs sociétés savantes.
3. Comptes consulaires de Cahors.
4. Après les frères Bureau, voici, d'après l'*Encyclopédie méthodique*, la liste des grands-maîtres de l'artillerie :

Guillaume Picard, seigneur d'Estelane et de Boscachard († 1479);
Jacques Ricard de Genouillac, dit Galiot (1479-1493);
Guy de Lauzières-Thémines, dit Guinot (1493-1495);
Jean de La Grange, chevalier, seigneur de Vielchâtel (1495-1501);
Jacques de Silly, seigneur de Longray (1501-1504);
Paul de Busserade, seigneur de Chépy (1504-1512).

avait réuni autour de lui les canonniers les plus habiles et rempli les magasins du Louvre des pièces de canon les plus parfaites; aussi Louis XI, en reconnaissance de ses loyaux services, lui conféra l'office de *general, reformateur et visiteur des œuvres et ouvriers du royaume de France, en tant de maçonnerie, charpenterie qu'autres mestiers qui en dependent, et la capitainerie du Louvre*[1].

Le maître de l'artillerie, comme on disait alors, avait l'autorité sur tous les gens de pied, avec droit d'inspection de tous travaux militaires de sièges et campements; c'est ainsi que s'exprime un ancien règlement des armées françaises. Déjà sous le premier Galiot, des maîtres-canonniers, brévetés du grand-maître, servaient les pièces; ils étaient réunis en compagnies ou bandes qui étaient commandées par des officiers commissionnés et qu'on licenciait à la paix. C'étaient les bandes du chevalier Galiot, ou la grande bande de Bertrand de Samard, de Perceval de Dreux ou bande des bastions, de Géraud de Samand ou de Normandie. Les attelages de chaque bande comprenaient de quatre cents à mille chevaux[2].

Le rôle que le second Galiot allait jouer était considérable, car l'artillerie devait désormais décider du sort des batailles; la chevalerie avait fait son temps, la guerre savante commençait avec les mouvements stratégiques et les formations sur le terrain. Jusqu'à ce moment de sa vie, rien n'avait mis Galiot hors de pair, malgré une grande bravoure personnelle et les divers emplois dont les princes l'avaient honoré. Dans cette charge, qui était pourtant loin d'avoir l'éclat des autres, il allait se révéler. Si Gaspard Bureau avait été un initiateur, son mérite, à lui, devait être d'un autre genre. Il avait fait son apprentissage auprès de son oncle; il avait été témoin de ses expériences méthodiques, de ses efforts pour créer une artillerie légère; les leçons qu'il avait reçues lui furent profitables. Le neveu allait faire oublier l'oncle; son mérite ne sera pas petit quand nous ferons observer que, jusqu'à l'apparition récente des canons rayés et des canons se chargeant par la culasse, c'est-à-dire pendant

1. Général Susane, *Hist. de l'Artillerie française.*

2. Colonel Hennebert, *L'Artillerie*, Hachette, Paris, 1887.

trois siècles, l'artillerie est restée ce qu'elle était au temps de Galiot.

L'artillerie française avait déjà subi plus d'une transformation ; elle allait devenir la meilleure de l'Europe, bien supérieure, dit Paul Jove, à celles d'Italie et d'Espagne. Les canons pierriers étaient tombés en discrédit : six grosses pièces, qui avaient été fondues à Châlons en 1506, furent converties en quatre canons serpentins à boulets de fer. Les affûts et les pièces furent traînés par des chevaux vigoureux, que l'on voit représentés dans les frises de l'église et du château d'Assier, tandis que les artilleries espagnole et italienne étaient traînées par des bœufs et servies par des artilleurs d'une ignorance crasse de leur métier.

Voici comment l'auteur déjà cité fait l'éloge de l'artillerie française réunie à Grenoble, avant la campagne de 1515 : « Les Français n'attèlent pas à leurs voitures de faibles chevaux ni les premiers venus ; mais ils achètent à chers deniers les plus forts et les plus fougueux, et ils les nourrissent bien, afin qu'ils puissent vaincre les obstacles du terrain. Ils ont une grande considération pour les maîtres de l'artillerie et pour les canonniers, à cause de l'adresse que l'expérience leur a donnée et des dangers auxquels ces hommes sont exposés. Ils leur donnent de grosses payes et ils ont organisé dans toute la France un grand nombre de jeunes gens qui s'adonnent avec zèle à cet art, l'apprennent de plus âgés et, peu à peu, acquièrent le grade et la solde de leurs anciens. Comme, par la libéralité des rois, le courage fut toujours récompensé et que ces hommes reçurent toujours, en temps de paix comme en temps de guerre, de très gros salaires, cette habitude de ne jamais épargner l'argent pour l'artillerie a rendu les Français très redoutables et a été la cause d'un grand nombre de leurs victoires ; car quoique les Espagnols, les Italiens et les autres nations aient appris à fondre des canons avec grand art et qu'ils en aient fait un grand approvisionnement, cependant quand le moment vient de s'en servir, ils le font avec peu de succès, surtout à cause de la lenteur des bœufs et de la crainte de l'énorme dépense que cela nécessite, et enfin à cause de l'ignorance de ceux qui gouvernent l'artillerie, et qu'on trouve même en petit nombre, parce qu'il est difficile, à moins de leur donner une grosse solde, de trouver des hommes qui veuillent s'exposer à un danger manifeste. »

Au dire du même auteur, les pièces étaient encastrées entre deux flasques retenues par des chevilles, et elles étaient suspendues au milieu de leur axe par deux tourillons, afin qu'on pût diriger les coups. Les petits canons avaient deux roues, les plus gros quatre, et celles de derrière pouvaient s'ôter pour accélérer ou ralentir leur marche ; les maîtres et les charretiers les faisaient courir avec une telle vitesse que les chevaux de trait, excités par la voix et les coups, allaient, en plaine, aussi vite que la cavalerie.

Nos ennemis s'étonnaient de la marche rapide et de la prompte mise en batterie de nos canons. Les gens de guerre italiens qui, dit Guichardin, en étaient restés aux bombardes des premiers temps, masses énormes et grossières qu'on ne pouvait remuer, qui faisaient beaucoup de bruit et peu d'effet, ne se lassaient pas d'admirer la nouvelle artillerie française, légère, mobile, également propre aux sièges et aux batailles, et les canonniers français si prompts à dresser les batteries, si lestes dans leurs manœuvres, si rapides dans leur feu [1].

Le progrès porta aussi sur les accessoires : la poudre, renfermée dans des barils, était mise dans des sacs de peau pendant le combat, afin d'éviter l'action du feu. Les affûts avaient fait également de grands progrès, car ils servaient à porter les pièces de tout calibre, soit pour le tir, soit pour la route. Auparavant on avait conduit les grosses pièces sur des chariots, et pour les tirer, il fallait les mettre à terre au moyen d'une chèvre. Sous l'impulsion de Galiot, les affûts furent faits de bois d'orme ; les fauconneaux, considérés plus particulièrement comme pièces de campagne, avaient des coffrets sur leurs affûts, afin de pouvoir tirer avec plus de promptitude ; chaque affût était muni de leviers et de coins pour donner les degrés d'élévation. Nous savons, par Machiavel, que les roues étaient écuées, c'est-à-dire que les rais

1. Le duc d'Ascoli, napolitain, dans son *Traité de la milice*, 1477, rend à l'artillerie française le même témoignage.

étaient inclinés sur le moyeu; condition essentielle de solidité lorsque les voitures ne sont pas destinées à rouler sur des surfaces planes; enfin les moyeux des grosses pièces étaient garnis de boîtes de bronze.

Pour arriver à ces résultats, Galiot porta une application constante au perfectionnement du matériel; il surveilla la fonte, produisit des pièces en fer à alliage de cuivre; il ne négligea pas la justesse du tir ni l'instruction des canonniers. Aussi ses pièces de campagne firent brillamment leurs preuves dans les guerres d'Italie; à Marignan notamment, *elles firent un si grand chemin qu'on eut veu Suisses en l'air comme poules*[1]. Néanmoins, les grosses pièces étaient aussi en faveur. Galiot fondit toute espèce de calibre, grosses pièces en bronze ou canons, doubles-canons, *bazilicz*, *serpentins*, *coulevrines*, *bombardes*, *faulcons*, *passevolans*, *spiralles* et autres pièces. Il aurait même fondu méthodiquement une grosse pièce d'une portée de cinq kilomètres[2], dépassant ainsi sensiblement l'artillerie allemande, qui avait des pièces tirant des boulets de cent livres[3]. Voici le poids des boulets que lançait l'artillerie française :

Le grand basilic.	80	livres.
Le double canon.	42	—
Le canon serpentin	24	—
La grande coulevrine	15	—
La coulevrine bâtarde	7	—
La coulevrine moyenne	2	—
Le faucon	1	—
Le fauconneau.	14	onces.

Au dire de Paul Jove, les plus petits lançaient des boulets gros comme une orange.

Quoi qu'il en soit, les effets obtenus par la nouvelle artillerie

1. *Les Gestes de noble chevalier Bayard*, Lyon, 1525.
2. Colonel Hennebert, déjà cité.
3. Œuvres de Napoléon III, *Du passé et de l'avenir de l'artillerie*, p. 202.

frappèrent tellement l'imagination du vulgaire, qu'on en trouve un écho même dans les ouvrages de Rabelais[1].

Galiot travailla toute sa vie à perfectionner cette arme de l'artillerie qu'il aimait; encore en 1540, il créa onze magasins ou arsenaux distribués par provinces; en 1543, il en établit un quatorzième; tous devaient contenir les pièces, poudres, salpêtres et approvisionnements nécessaires pour une entrée en campagne, Enfin, le 10 mars 1544 (1545), il créa trois cents charges de salpêtriers pour fabriquer trois cent milliers de poudre[2].

Jusques à Galiot, notre artillerie, trop grosse et peu mobile ou d'un type inégal, ne pouvait guère suivre les mouvements des troupes en bataille. Dans la campagne de Naples, en 1503, quand d'Aubigny, retiré à Seminara, avait voulu se porter rapidement à la rencontre des Espagnols passant le fleuve, il n'avait pu amener son artillerie avec lui. Sur le champ de bataille de Cérignole, nos troupes avaient dû, dans une marche rétrograde, abandonner neuf grosses pièces. Il n'est pas inutile de faire constater ces desiderata ou ces défauts, pour faire comprendre combien notre héros eut l'intelligence de son métier, sut provoquer les réformes et créer une artillerie légère. Il semble même qu'il ait organisé l'artillerie à cheval, car la charge de grand-maître des arbalétriers, que

1. Dans *Gargantua*, I, XXVI, Rabelais décrit ainsi la charge des canons : « une composition de pouldre horrificque, de laquelle nature mesme est esbahie et s'est confessée vaincue par art ». Voici comment il décrit les effets du boulet : « Plus est horrible, plus espouvantable, plus diabolique et plus de gens meurtrit, casse, rompt et tue, estonne les sens des humains, plus de murailles desmolit un coup de basilic que ne feroyent cent coups de fouldre. » Il fait ensuite mention de forteresses démolies par cette « triscacite et infernale machine », et il se demande si l'on trouvera désormais art et moyen de défendre « les rempars et les bastions contre telles canoneries ».

2. Bibl. Nat., ms fr., 16693, f. 74, parchemin. Nomination de Jean Barbe à la charge de salpêtrier à *Saint-Denys oultre Seyne*. Dans ce brevet sont énumérés les droits et obligations des salpêtriers ; il y est fourni des détails touchant la fabrication du salpêtre ; il y est aussi question des prisons du Louvre.

Parmi les lettres de Galiot qui ont trait à l'artillerie et qui sont conservées à la Bibliot. Nat., nous signalons les mss fr. 2979, ff. 72, 74; 3019, f. 77; 3062, ff. 78, 79; 3070, f. 30.

tenait Aymar de Prie, ayant été supprimée, les arbalétriers à cheval furent attachés à l'artillerie[1].

Ces transformations coûtèrent des sommes considérables : sur l'ordre du grand-maître, dans le court intervalle du 15 au 30 septembre 1515, Florimond Pertier dépensa 31.398 livres 5 sous 7 deniers[2]. Les gages des officiers ordinaires de l'artillerie s'élevaient à 28.200 livres par an, les canonniers ordinaires avaient 4 livres de gages par mois ; les simples conducteurs touchaient 5 sous par jour et par bête.

Notre artillerie comptait alors soixante-douze grosses pièces et environ trois cents petites, traînées par quatre mille chevaux, ce qui était formidable pour l'époque. Le double-canon était attelé de trente-cinq chevaux, le canon serpentin de vingt-trois, la grosse coulevrine de dix-sept, la coulevrine moyenne de sept; les gros fauconneaux avaient deux chevaux, et les petits un seul. Dans les diverses expéditions en Italie, les batteries françaises étaient posées en vedette à l'entrée des places; commandant les principales avenues, elles ajoutaient à la terreur qu'inspiraient de secrets pressentiments, décrits par Machiavel, au cœur des peuples d'outremonts[3].

Passage des Alpes. — Bataille de Marignan

François Ier avait succédé à Louis XII. Ce roi de vingt ans, aux idées chevaleresques, n'eut rien de plus empressé que de revendiquer le duché de Milan; il précipita, pour faire valoir ses droits,

1. Gaillard, *Histoire de François Ier*, IV, 248.

2. Bibl. Nat., ms fr. 26116, p. 387, cité dans la *Revue des Quest. hist.*, juillet 1899, A. Spont, *Marignan et l'organisation militaire*.

3. « Donde e si nasca io non so, ma si vede per gli antichi e per gli moderni essempi, che mai no venne alcuno grave accidente in una città o in una provincia che non sia stato, o da indovini o da revelazioni o da prodigi, o d'altri segni celesti, predetto. E per no mi discortare da casa nel provare questo, sa ciascuno quanto da frate Girolamo Savonarola fusse predetta innanzi la venuta del re Carlo VIII di Francia in Italia; e come, oltra di questo, per tutta Toscana si disse esser sentito in aria e vedute genti d'arme, sopra Arezzo, che si azzufavano insieme. » (Machiavel, *Discours sur la première décade de Tite-Live*, I, ch. LV.)

les préparatifs de guerre que la vieillesse et la mort de son prédécesseur avait ralentis.

Les Italiens et les Suisses avaient pris des positions avantageuses; seize mille hommes couvraient le mont Genèvre et le mont Cenis, par où l'on croyait que les Français tenteraient le passage des Alpes. Le roi arriva bientôt avec une armée composée de vingt-cinq mille hommes de gendarmerie et de quarante mille fantassins, tant Gascons que Normands et Picards ou Champenois; de nombreux équipages d'artillerie suivaient avec les munitions et les vivres. Il ne fallait pas songer à attaquer les sommets escarpés où les Suisses s'étaient retranchés; heureusement on découvrit un passage non gardé, que les ennemis avaient cru assez défendu par les rochers et les précipices. Pendant que des mouvements de troupes donnaient le change aux Suisses, Galiot fit monter, par des détroits horribles, dit Mézeray, « l'artillerie et le charroi à force de bras, les traînant de rocher en rocher avec une peine incroyable et un ardent travail. Les soldats mettaient la main avec les pionniers, les capitaines ne s'épargnaient pas à manier qui la pioche, qui la cognée, à pousser aux roues, à tirer sur les cordages; tantôt ils dressaient des esplanades et cassaient de gros rochers; tantôt ils se servaient de ceux qu'ils ne pouvaient briser pour appuyer les cabestans et tirer leurs fardeaux; en d'autres lieux, ils couvraient les précipices avec de grands arbres qu'ils jetaient en travers, jetant des fascines par-dessus, en telle sorte qu'après quatre ou cinq jours de fatigue, toute l'armée se trouva dans la vallée de l'Argentière. »

C'est ainsi que, renouvelant les exploits d'Annibal et devançant le génie de Napoléon, Galiot transporta, grâce au dévouement de ses canonniers et au doublement de ses attelages, ses soixante-quatorze pièces d'artillerie au delà des Alpes. Huit mille Basques et Gascons, formés sur le modèle de la redoutable infanterie espagnole par leur chef, Pierre Navarre, après avoir aidé au transport des canons, débouchèrent les premiers avec Bayard dans le marquisat de Saluces; ils surprirent et firent prisonnier le général ennemi, Prosper Colonna.

Les Suisses, à cette nouvelle, se replièrent sur Milan, pour en fermer la route aux Français ; le roi, craignant d'être coupé, négocia avec eux ; ils promirent de laisser le passage libre moyennant sept cent mille francs payés comptant. Le traité allait être signé, quand le cardinal de Sion détourna les Suisses par un discours enflammé. Leur rappelant qu'ils portaient, brodées sur l'épaule, les clefs de saint Pierre, et qu'ils défendaient la cause de Dieu, il dépeignit les Français comme des gens impies qui attaqueraient le patrimoine pontifical. Mus par le sentiment religieux qui rend les hommes invincibles, les Suisses quittent aussitôt Milan; à l'improviste, aux rauques sons des cornes d'Uri et d'Unterwalden, qui avaient sonné la charge à la bataille de Morat, armés de piques longues de dix-huit pieds, ils fondent sur les Français campés à Marignan. Leur attaque fut terrible ; l'artillerie, mise rapidement en batterie et qui tirait sur eux à mitraille, fauchait des rangs entiers mais ne les arrêtait pas. Dans leur élan furieux, ils pénétrèrent jusqu'au roi, au centre de l'armée ; même culbutant pionniers et artilleurs, ils s'efforçaient de diriger contre les Français les canons dont ils s'étaient emparés ; la défection des lansquenets qui croyaient à un armistice avait contribué à leur succès. La gendarmerie française parvint à rétablir le combat, et avec l'aide et les conseils de Galiot, qui avait mis l'épée à la main, les artilleurs furent ramenés à leurs pièces[1] ; les canons, braqués plus en arrière, devinrent un point de ralliement ; l'on se battit jusqu'à dix heures du soir au clair de la lune. C'était le jeudi 13 septembre 1515. Suisses et Français restèrent pêle-mêle, chacun à l'endroit où l'obscurité l'avait surpris, couchés les uns près des autres et dans un profond silence. Le roi lui-même dormit sur un affût, à cinquante pas d'un bataillon suisse, après avoir fait éteindre les feux. Aux premiers rayons de l'aurore, le combat recommença ; les Suisses s'avancèrent jusqu'à une portée d'arc; alors l'artillerie, faisant une décharge générale, ouvrit de larges brèches dans la masse compacte, et même tirant sept ou huit pièces par salves,

1. *Marignan et l'organisation militaire*, déjà cité, lettre de La Trémouille.

arrêta les ennemis intimidés. Néanmoins, la victoire resta incertaine jusqu'à l'arrivée des troupes vénitiennes qui prirent les Suisses à revers. Ceux-ci se retirèrent vers onze heures du matin, laissant un nombre de morts sensiblement égal à celui des Français, c'est-à-dire environ huit mille hommes; mais beaucoup d'autres périrent par les chemins. Le maréchal de Trivulce, qui s'était trouvé à dix-sept batailles rangées, dit que celle-ci était un combat de géants, tandis que les autres n'étaient que des jeux d'enfants.

Cette victoire eut un grand retentissement et amena une véritable explosion de joie en France; les poètes chantèrent cet événement, et la renommée de Galiot se trouva grandie d'autant[1]. L'artillerie méritait des éloges, car elle avait joué un grand rôle : non seulement elle avait protégé le centre de l'armée contre le choc des phalanges suisses, mais pendant la bataille elle avait changé rapidement de position, flanqué les colonnes d'attaque, combattu avec la cavalerie et renversé enfin les derniers obstacles. Aussi le roi, dans une lettre qu'il écrivit le jour même à la duchesse d'Angoulême, rendit pleine justice à l'habileté de Galiot et à l'effet de ses canons : « Madame, dit-il, le sénéchal d'Armagnac, avec son artillerie, ose (peut) bien dire qu'il a été cause en partie

1. Le célèbre Etienne Dolet, dont on connaît la mort tragique, chanta en vers latins les terribles effets de l'artillerie française, les combattants rendus invisibles par la fumée de la poudre, etc.

> ... Tormenta crepant (nova bellica cladis
> Materies : imitata Jovis penetrabile fulmen
> Materies), tonitruque frangore repente sonorum
> Horrifico tonat et fumat circumfluus aer;
> Consequitur clamor stantum planctusqne cadentum.
> Hic subitam cæco glomerari pulvere nubem
> Cernere erat, late radiosque nigrescere Phœbi
> Ut vix hostem hostis noscat caligine tanta.

Etienne Dolet, montant au gibet de la place Maubert, à Paris, le 3 août 1546, à trente-sept ans, aurait fait, dit-on, cet héroïque jeu de mots :

> Non dolet ipse Dolet, sed pia turba dolet.

(H. Martin, *Hist. de France*, VII, 346.)

du gain de la bataille, car jamais homme ne s'en servit mieux. »

Dès les premiers jours de son règne, le roi avait fait Galiot sénéchal de Querci, avec son cousin Jean Ricard de Gourdon-Vaillac, comme lieutenant; il lui donna encore le gouvernement de Lectoure et de la vicomté de Lomagne, et cependant ces récompenses ne lui parurent pas suffisantes : voulant avoir Galiot auprès de lui, il lui céda, *par considération des bons, grands et recommandables services qu'il nous a faits, tant à nous qu'à la chose publique de notre royaume*, une partie de l'hôtel Saint-Paul, à Paris[1]. C'est à titre de sénéchal que Galiot, dans la maison curiale de Saint-Cirq-la-Popie, confirma, le 19 avril 1520, les privilèges et les coutumes qui avaient été concédés à ce village le 6 mars 1231[2].

Honoré de la confiance de son souverain, enrichi de ses dons, couronné par la gloire, Galiot n'était plus le petit seigneur d'Assier, mais un personnage sur lequel la France entière avait les yeux, et dont ses compatriotes étaient fiers. C'est à ces divers titres, non moins qu'à celui de sénéchal, que la ville de Cahors lui fit une brillante réception quand, le 27 février 1517, il alla prendre possession de sa charge. Le maître de l'artillerie de France fut salué des joyeuses volées de toute l'artillerie de la ville; le juge-mage, le procureur et l'avocat du roi marchaient à sa droite, les consuls à sa gauche, son cousin et lieutenant Vaillac derrière lui. Escorté de la population qui faisait entendre des cris d'allégresse, il alla loger dans la maison de Guy de Castelnau, chanoine de Cahors, évêque de Périgueux, qui était l'oncle de sa seconde femme[3].

Trois ans après, les états de Querci votèrent une somme de deux mille livres « pour l'entretien de son état auprès de sa personne (du roi), et à cause des bons services qu'il leur rendait ». Le roi approuva cette dépense, à l'avantage d'un héros qui faisait tant honneur à la province, et qui saisissait toutes les occasions d'être

1. *La Plume et l'Epée,* déjà cité.

2. Communication de M. A. Dols, membre de la *Société des Etudes du Lot.* Voici la première ligne de ces coutumes : *Al nom de Dio et de madona santa Maria et de monsenhor sanct Cirici... l'an de la Incarnatio de nostre Senhor.*

3. Lacoste, déjà cité, IV, 41.

utile à son pays. Cet article du budget provincial, comme on dirait aujourd'hui, fut maintenu chaque année jusqu'à la mort de Galiot[1].

Le Querci, comme les autres pays de la Guienne, payait sur le sel le droit de quart et demi; les officiers du roi voulurent y établir aussi la gabelle. Galiot, pour sauvegarder la justice et les intérêts de ses compatriotes, envoya à la cour le procureur Pallod, qui représenta à François Ier que cette surcharge allait ruiner ses sujets quercinois, à cause de la grande consommation de sel que faisaient les troupeaux, principale ressource du pays. Il obtint gain de cause en 1539.

Second mariage de Galiot. — Siège de Mézières.

L'union de Galiot avec Catherine d'Archiac n'avait pas été de longue durée; cette dame étant morte en 1514, il contracta une nouvelle alliance avec Françoise de La Cueille, fille de Marguerite de Castelnau, laquelle était, nous l'avons dit, nièce de Guy de Castelnau, évêque de Périgueux. Louise de Savoie, mère du roi, aurait, dit-on, beaucoup contribué à ce mariage[2] et aurait même donné à Galiot la jouissance, sa vie durant, de la terre de Chisey[3].

L'année suivante, la naissance d'un fils nommé François vint combler de joie le cœur du guerrier; il vit dans ce rejeton un survivant de sa gloire et l'héritier de ses grandes charges; aussi lui fit-il donner une éducation complète, par des maîtres qui en firent un des hommes les plus instruits de son temps. Sous la direction de savants épris d'amour pour les langues anciennes, il fit les plus grands progrès; son premier précepteur fut l'humaniste Guillaume *Mainus* ou Maine, abbé de Beaulieu. Il suivit ensuite les leçons de

1. Lacoste, déjà cité, IV, 46.

2. « E Queliana familia fuit uxor Jacobi Galioti et Aubigniaci soror, quæ immatura morte præventa filium reliquit Franciscum. Habuit et Jacobus Joannam filiam, matrem Antonii et Jacobi Crussoliorum. » (Bibl. de Cahors, *Ms de Guyon de Maleville*, déjà cité.)

3. Lacoste, déjà cité, IV, 40.

l'helléniste Guillaume Budée, qui lui expliqua principalement les œuvres de Plutarque, comme plus propres à l'enflammer d'amour pour la gloire et la vertu[1]. Il étudia aussi en même temps sous la direction de dom Théocrène, précepteur des enfants de France. L'on voit par là la situation brillante que de fortes études et les relations royales préparaient au fils de Galiot.

Mais reprenons la suite des campagnes et des exploits du grand-maître. Nous le trouvons en 1521 à Mézières, défendant cette place avec Bayard contre les troupes de l'empereur Charles-Quint; les travaux de fortification qu'il y fit exécuter, la bravoure bien connue de son compagnon d'armes, n'auraient pas suffi à éloigner les ennemis. Recourant à la ruse, Bayard et Galiot firent croire à l'assiégeant, qui était le duc de Bouillon, que le comte de Nassau, au lieu de venir à son aide, abandonnait la cause de l'empereur et qu'une armée allait assiéger Sichingen le lendemain. Bouillon aussitôt repassa la Meuse, peu s'en fallut même qu'il ne livrât bataille à Nassau sous les yeux des assiégés. Nassau se justifia, non sans peine, mais ce désordre avait facilité l'introduction de renforts dans la place, et l'armée royale, réunie en toute hâte, arrivait pour la débloquer. Les généraux de l'empereur délogèrent dans les premiers jours d'octobre.

Au sujet de cette campagne, il nous reste de Galiot deux lettres écrites de Mouzon, village qui se trouve entre Sedan et Stenay;

1. Budée, mort suspect d'hérésie comme plusieurs autres humanistes, qui avaient un pied dans les vieilles doctrines et un pied dans les nouvelles, fut enterré sans sonnerie et sans les prières de l'Eglise, ce qui donna lieu à ces vers de Melin de Saint-Gelais : en France tout finit par des chansons :

— Qui est ce corps que si grand peuple suit?
— Las! c'est Budée au cercueil étendu.
— Que ne font donc les cloches plus grand bruit?
— Son bruit sans cloche est assez repandu.
— Que n'a-t-on plus en torches despendu,
Suivant la mode accoutumée et sainte?
— Afin qu'il soit par obscur entendu
Que des François la lumiere est éteinte.

comme il y est question du service de l'artillerie, nous les donnons en note *in extenso*[1].

Jeanne, fille de Galiot.

Deux ans après, Galiot donna en mariage sa fille à Charles de Crussol, vicomte d'Uzès, conseiller, chambellan du roi, grand panetier du roi, sénéchal de Beaucaire et de Nîmes. Ce jeune seigneur venait d'hériter de tous les biens de sa maison, par la mort de son père, survenue cette même année. Le contrat fut passé devant la chapelle de Charmes, au diocèse de Valence, le 29 juillet 1523[2].

Jeanne, dont la dot devait s'accroître un jour, par la mort de son frère, de tous les biens de sa famille, avait reçu elle aussi une éducation soignée. Elle avait été élevée au château d'Amboise avec

1. « Sire, il vous a pleu me rescripre que je feisse bonne diligence à l'artillerie que je meyne pour ce voyaige. Sire, elle est à Chaalons, et je m'en suis venu en ceste ville de Mouzon, devers M. le gouverneur, car de la faire venir icy elle n'eust servy de riens vers le chemin que les autres tiennent, et me semble qu'il vault mieulx que tout vieigne d'un train ; toutesfois, Sire, vous commanderès ce qu'il vous plaira et sera fait. Sire, je prie Dieu et Nostre-Dame qu'il vous donne bonne vie et bien longue.

« De Mouzon, ce VIe de juing.

« Vostre tres humble, obeissant sujet et serviteur,

« GALIOT. »

(*Bibl. Nat.*, *ms fr.* 2971, f° 8.)

« Sire, j'ay receu la lettre qu'il vous a pleu m'escripre faisant mencion qu'il vous plaist croistre la bende que je meyne presentement de douze canons, quatre coullevrines bastardes et quatre coullevrines moyennes. Sire, cela est prest quand il vous plaira, mais que mess[rs] les generaulx depeschent l'estat pour fournir ce qui est necessaire pour la conduycte.

« Sire, je prie Dieu et Nostre-Dame vous donner bonne vie et longue. Escript de Mouzon le VIIIe jour de juing. »

(*Bibl. Nat.*, *ms fr.* 2971, f° 10.)

(Communiqué par Dom A. Dubourg, O. S. B.)

2. Archives ducales d'Uzès (Communication de M. d'Albiousse, ancien magistrat). Galiot donna à sa fille en dot douze mille livres, et promit de lui laisser la terre et seigneurie de Lonzac, *à cause de la dame Catherine d'Archiac, sa mère.*

Marguerite de Valois, dont elle resta l'amie. Aussi, lorsque, plus tard, cette princesse se rendit dans le Midi, et notamment à Nîmes, elle pria Jeanne de l'accompagner dans cette ville. « *Et faisoit biau voir*, dit un auteur du temps, *ces deux grandes dames se promener ensemble parmi les monuments antiques et en discourir à plaisir comme les plus doctes.* » Une autre fois, en novembre 1528, Jeanne se rendant à Nîmes, les consuls de cette ville, avec une nombreuse compagnie sous la bannière de la ville, allèrent au-devant d'elle et firent tirer *l'artillerie en son honneur*[1].

Elle brillait à la cour et avait la repartie prompte et facile, ainsi qu'en témoigne Brantôme par l'anecdote suivante : Un jour, lorsqu'elle était encore demoiselle, le roi de France François Ier l'appelait sa fille. « Oh ! nenni, sire, dit-elle, que ferez-vous avec votre fille, vous qui avez fait pendre votre père ? » Elle faisait allusion au fameux Semblançay, grand-trésorier de France, que le roi appelait souvent son père, qui cependant avait été condamné à mort comme prévaricateur et pendu à Montfaucon. Brantôme, qui tenait ce récit de la duchesse d'Uzès[2], ajoute que la reine fut très fâchée de la liberté prise par la fille de Galiot, et qu'elle lui fit de vifs reproches. Le mécontentement de la reine s'explique en ce qu'elle était coupable de détournements de fonds, qui avaient amené la perte du surintendant ; il faut reconnaître aussi que Jeanne, plaidant indirectement la cause du malheureux condamné, avait montré plus que de l'esprit, elle avait montré du courage. Du reste, Semblançay fut réhabilité peu de temps après.

Bataille de Pavie

Les hostilités que nous avons vu commencer en Allemagne se poursuivirent en Italie, où Lautrec commandait. Il ne tint pas à Galiot que l'armée des Impériaux ne fût détruite dans la

1. *Hist. de Nîmes*, IV, 108.

2. C'était Louise de Clermont, du Dauphiné, qui, mariée en premières noces à François d'Yvetot, prince de Bellay, épousa en secondes noces, le 10 avril 1556, Antoine de Crussol, duc d'Uzès, petit-fils de Jeanne de Genouillac.

plaine de Rebec, aux bords de l'Oglio, dans le Milanais, le 20 avril 1524 : son artillerie foudroya l'ennemi avec tant de fureur et de succès que, dans l'espace d'une heure, elle le força d'abandonner ses positions dans le plus grand désordre. Mais la lenteur et les hésitations du général, qui ne sut pas ou ne put pas profiter du succès, rendirent inutiles les heureux effets de l'artillerie et l'habileté du grand-maître. Le Milanais fut perdu pour nous ; une perte plus grave encore fut celle de Bayard, qui fut tué sur le champ de bataille de Rebec ; l'armée tout entière, et surtout Galiot son ami, pleura le chevalier.

Les Impériaux, par le conseil du duc de Bourbon, traître à la patrie, profitant de leurs succès, envahirent la Provence, qui était démunie de troupes, et vinrent assiéger Marseille. Ils se flattaient de prendre cette ville, où se trouvait Galiot, mais leur espoir fut trompé. François Ier eut le temps de réunir une forte armée ; il chassa l'ennemi au delà des Alpes et il le devança même en Italie.

L'armée de Charles-Quint, démoralisée, refoulée en désordre, eût été facilement détruite en bataille rangée ; elle n'avait que des débris d'artillerie, tandis que l'artillerie française, avec le train des parcs, était formidable, et comptait quatre mille chevaux. L'empereur offrit une trêve, elle lui fut refusée. Dédaignant le conseil de Galiot, de Lescun, de La Palisse et d'autres sages conseillers qui réclamaient une action en pleine campagne, le roi, suivant l'avis de Bonnivet, s'obstina à faire le siège de Pavie. Il donna ainsi aux ennemis le temps de se rallier et de choisir une position favorable. L'armée fut attaquée dans ses lignes le 25 février 1525, à la pointe du jour ; les ennemis eurent bientôt fait de pénétrer dans Pavie et de dégager les assiégés. Cependant, les Français, un moment surpris, s'étaient ralliés ; l'artillerie, attelée avec une promptitude extraordinaire, fut conduite en avant ; elle ouvrit son feu et causa de grandes pertes à l'ennemi. Galiot avait mis pied à terre ; le casque rejeté sur la nuque[1], il dirigeait lui-même le tir des pièces

1. L'armure de Galiot, provenant du cabinet des ducs de Bouillon, se trouve au Musée d'artillerie, à Paris. Cette armure de guerre, d'apparence modeste, est remar-

d'une de ses trois bandes et le rectifiait si sûrement que chaque volée enlevait des lignes entières. « Il avait, dit du Bellay, logé son artillerie en lieu si avantageux pour nous, qu'au passage de leur armée, ils (les Espagnols) estoient contraints de courir à la file pour gagner un vallon, afin de s'y mettre à couvert de ladite artillerie, car coup à coup elle faisoit des breches dedans leurs bataillons, de sorte que n'eussiez veu que bras et testes voler. » Ainsi décimés, le roi estime que les Suisses s'enfuient, il se jette à leur poursuite. Galiot lui représente vainement que c'est l'affaire de l'artillerie de les achever, qu'il a tort de changer de position : le roi veut absolument payer de sa personne. Imbu des idées chevaleresques qui lui faisaient mépriser la *pietaille* et tout ce qui n'était pas lutte corps à corps, oubliant que le désastre de Crécy était dû à l'ardeur inconsidérée des chevaliers français, sourd aux instances de Galiot, ne comprenant pas que l'artillerie était devenue la reine des batailles, que les exploits des hommes bardés de fer avaient fait leur temps et que la guerre était désormais une science, le roi s'élance avec sa chevalerie et se place entre les Impériaux et l'artillerie, dont il neutralise les merveilleux effets, *de quoy Monsieur Galiot cuyda désespérer*, dit Brantôme. Les charges répétées de la gendarmerie française portèrent plusieurs fois le désordre dans les rangs des Impériaux, mais à la fin, accablés par le nombre, les chevaliers ne combattirent plus que pour sauver leur roi, leurs rangs s'éclaircissaient de plus en plus. En vain le maréchal de

quable par son casque ou armet, qui a, au-dessus du couvre-nuque, trois lames mobiles ; en les relevant, le grand-maître pouvait lever la tête, pour pointer lui-même les pièces de canon, ce qui aurait été impossible avec un armet ordinaire. Le plastron de la cuirasse est orné de bandes gravées, autrefois dorées, ce qui est une pièce des armoiries de Galiot. A la partie supérieure de ce plastron, le long de la saillie considérable qui a pour but d'arrêter le coup de lance et de l'empêcher de glisser jusqu'au colletin ou gorgerin, on remarque le dessin de deux canons sur leurs affûts se joignant par leurs crosses, ce qui était l'attribut des grands-maîtres de l'artillerie ; il y a de plus le dessin d'une grande épée à garde simple, qui était l'attribut des grands écuyers. Des gravures de bouches à feu, bombardes et projectiles se répètent dans toute l'ornementation de l'armure, aux brassards, aux cubitières, etc. (O. Renguilly, L. Haridon, conservateur du Musée d'artillerie, *Moniteur officiel*, 16 oct. 1860.)

Montmorency, détaché au loin, accourait au bruit du canon, le roi venait de se rendre prisonnier, *tout était perdu fors l'honneur*. Huit mille hommes étaient tombés baignés dans leur sang. Galiot, impuissant, fut fait prisonnier avec nombre de grands seigneurs, dont plusieurs Quercinois, notamment Annet de Turenne, beau-frère de Galiot et son lieutenant pour l'artillerie; François Duèze de Carmaing, baron de Nègrepelisse, Antoine des Prés, seigneur de Montpezat. Parmi eux se trouvait le poète Clément Marot, qui y eut le bras percé *tout oultre*; sa renommée allait franchir les limites de sa patrie[1]. Toutefois Galiot n'eut pas à subir les ennuis de la détention : dans les campagnes de Naples, il avait mis en liberté sans rançon un officier espagnol; ce même officier, l'ayant pris à Pavie, lui rendit la pareille, en faisant preuve de la même générosité[2].

L'année suivante, Galiot prit part à l'assemblée des notables convoquée à Lyon, pour aviser aux moyens d'obtenir la délivrance du roi; il fut un des trois commissaires choisis par la régente pour se rendre en Espagne à cet effet.

Le malheur n'empêcha point le roi de rendre pleine justice à son habile maître de l'artillerie. Pour reconnaître la sagesse de ses conseils, à peine rentré en France, il le nomma par lettres datées à Dax, le 23 mars 1526, grand écuyer à la place de Galeas de San-Severino, qui avait trouvé la mort à la bataille de Pavie[3]. Quelque temps après, Galiot obtint la surintendance des finances; il remplaçait dans cette charge Jacques de Beaune, seigneur de Semblançay, dont nous avons vu le triste sort et la réhabilitation.

1. Voici l'épitaphe que Th. de Bèze composa à ce poète quelque peu infatué de lui-même, quand il prétendait, avec un jeu de mots, que Cahors lui devait *autant qu'à son Maro Mantoue :*

> Quercy, la Cour, le Piemont, l'Univers,
> Me fist, me tint, m'enterra, me cognut.
> Quercy mon los, la Cour tout mon temps eut,
> Piemont mes os et l'Univers mes vers.

L'on sait que Clément Marot embrassa les idées de la Réforme et traduisit les Psaumes en vers français.

2. Lacoste, déjà cité, IV, 51.

3. Ibid., déjà cité, IV, 57.

Une période de paix succéda aux guerres. Grâce à son crédit croissant, la compagnie de Galiot avait été portée successivement de quarante lances à quatre-vingts, puis à cent[1]. Durant ce temps, nous ne trouvons rien de marquant à signaler que le passage, en 1529, à Saint-Céré et dans diverses villes du Querci, de la compagnie de Galiot[2]; les cent lances donnaient un effectif de huit cents hommes, la lance fournie étant, sous François Ier, composée de huit hommes[3].

Cette même année, Galiot, âgé de soixante-six ans, aspirant au repos, se démit de ses fonctions de sénéchal d'Armagnac et de Querci, en faveur de son fils. Celui-ci, âgé de seize ans à peine, fit, le 18 juillet 1532, son entrée solennelle à Cahors, en grande pompe, entouré des consuls et du juge-mage; il fut logé dans la maison du chanoine d'Auriole, près de l'église des Soubirous[4]. Les consuls lui offrirent leurs présents[5].

Mais il est temps de considérer Galiot sous un nouvel aspect; jusqu'ici nous n'avons vu en lui que le guerrier; il faut maintenant connaître le bâtisseur, montrer l'homme de goût, l'agriculteur et l'industriel, tout autant de titres à la gloire, jusqu'ici à peu près ignorés.

1. Bibl. Nationale, 1311, pièces originales. Communiqué par Dom A. Dubourg, O. S. B.

2. « En aquel an mesmes (1529), apres Pasquas bengue la garnison del senechal de Quercy, segnor d'Assie, en la present vila et per tout lou pays de Quercy. » (*Chronique de Saint-Céré*, par l'abbé Paramelle.)

3. Ordonnance royale du 26 juin 1526.

4. C'est aujourd'hui le pensionnat des Dames du Calvaire, rue des Soubirous.

5. « Anno 1532 Franciscus de Genouillac, Jacobi filius, 18a julii, ut senescallus Cadurcensis, urbem pompa solemni ingreditur in medio consulum, præcedentibus judice majore cum ejus consilio. Hospitium accepit in domo canonici de Auriola, in via seu carreria majori, prope ecclesiam de Superioribus. Juramentum accepit more solito et complura munera accepit a consulibus. » (Bibl. de la ville de Cahors, ms. parchemin, casier 2, liasse 8, n° 76.) *Le Livre de main des Du Pougel* (L. Greil, imp. Laytou à Cahors, 1897) donne la date du 10 à l'entrée du jeune d'Assier, et ne le fait âgé que de quatorze ans. Ce n'est pas la seule erreur que renferme cette chronique.

Galiot ami des arts

Le vulgaire n'estime qu'à demi ceux qui, s'acquittant à merveille de leurs fonctions, ignorent ce qui est en dehors de leur charge ; il réserve son admiration à ceux qui, mieux doués, savent, connaissant les choses de leur devoir, apprécier les travaux et les arts, faire montre de goût, suivre et surtout devancer leur siècle dans la voie du progrès.

Ces qualités, nous allons les trouver en Galiot. Les réformes et les exploits qu'il avait accomplis dans le corps de l'artillerie auraient suffi à une âme moins haute, à un esprit moins élevé ; à cette gloire il sut en joindre d'autres, notamment celle de favoriser les arts et tout ce qui peut être utile à la grandeur d'un peuple.

Son éducation intellectuelle avait été, comme celle des jeunes nobles de son temps, assez négligée. Après avoir acquis des connaissances littéraires restreintes, il s'était adonné aux exercices militaires, et il y avait acquis, avec une force musculaire très prisée, du reste nécessaire à cette époque, une habileté dont il fit preuve en maintes occasions. Plus tard, il sut réparer les lacunes de son éducation, et, aux idées étroites, en substituer de délicates. Son goût s'affina dans les diverses campagnes en Italie ; il ne se contenta pas d'étudier les problèmes qui avaient trait à l'attaque et à la défense des places, art où les ingénieurs italiens étaient passés maîtres, il admira, comme ses compagnons, les palais élevés par les architectes de la Renaissance et les débris antiques qui jonchaient le sol.

Les choniqueurs nous ont laissé le témoignage de l'admiration française pour la belle nature, pour la peinture et l'orfèvrerie au royaume de Naples : c'était pour nos gentilshommes *une chose increable que la beaulté de ces lieux bien apropriez en toutes sortes de plaisances mondaines*[1]. Vivement impressionnés par les magnifi-

1. Lettre du cardinal Briçonnet, évêque de Saint-Malo, à la reine Anne.

cences déployées sous leurs yeux, les grands seigneurs rentraient en France avec un esprit plus disposé aux choses d'art. Au reste, le style ogival avait fait son temps, il finissait par l'afféterie et la recherche ; un style nouveau prenait sa place; les architectes français eux-mêmes recherchaient les colonnes et les motifs antiques d'ornementation. Avant que l'Italie, vaincue sur les champs de bataille, mais prenant sa revanche dans l'exploitation des choses de l'esprit, nous envoyât ses architectes, ses sculpteurs et ses peintres, nos princes et nos seigneurs surent encourager une Renaissance qui présente deux phases distinctes : la première, où encore incertains de la voie, les maîtres-maçons et les architectes mariaient aux combinaisons ogivales les formules nouvelles ; la seconde, où tout souvenir du Moyen-Age disparaissait pour faire place aux souvenirs antiques librement interprétés ; ce qui nous valut un art aussi nouveau qu'original et approprié à notre pays.

Eglise de Lonzac

Enrichi par Catherine d'Archiac, reconnaissant de l'affection qu'elle lui avait témoignée et des grands biens qu'elle lui avait laissés, Galiot voulut lui élever un monument qui prouverait son amour, en même temps qu'il donnerait libre cours à son goût pour les constructions fastueuses, et perpétuerait le souvenir de la dernière héritière des barons d'Archiac. C'est pourquoi, dans l'intervalle de 1520 à 1530, il construisit en Saintonge l'église de Lonzac, un des rares édifices dont Saint-Eustache, à Paris, est demeuré le type.

Rien de plus élégant dans son ensemble que Notre-Dame de Lonzac. Nous en empruntons la description à un érudit du pays[1]. En forme de croix latine, elle présente à l'extérieur, sur tout son pourtour, une frise haute d'environ quatre-vingts centimètres,

1. *Arch. historiq. de la Saintonge et de l'Aunis*, VIII. D. d'Aussy, *L'église de Lonzac*. Voir une eau-forte de l'église, IV, 370, par L. Gaucherel.

divisée en cartouches par les deux lettres gothiques I et K alternativement répétées, qui seraient les initiales de Iacques Galiot et de Katherine[1]. Dans chaque cartouche est reproduit le même motif, une gueule de canon tantôt vide, tantôt avec un boulet prêt à sortir ; en exergue deux devises : GALLIOT IAIME FORT VNE, ou bien SICVT ERAT IN PRINCIPIO, le tout cantonné de quatre grenades rappelant la charge de grand-maître de l'artillerie. Cette décoration, un peu monotone dans ses dispositions, et que nous retrouverons modifiée à l'église et au château d'Assier, produit cependant à distance un bel effet. Que Galiot l'ait inspirée à l'architecte, ou qu'elle soit une invention de ce dernier, il faut reconnaître que rien n'était plus approprié. Pendant la Révolution on avait entrepris de marteler cette frise ; mais le travail était considérable, et heureusement le zèle jacobin s'est lassé, en sorte que nous pouvons encore aujourd'hui l'admirer presque dans son entier.

Brantôme, et bien d'autres après lui, se sont escrimés à voir, dans la double devise, une allusion discrète à un secret attachement pour Louise de Savoie, duchesse d'Angoulême[2] ; ils ont soupçonné une intrigue amoureuse dans le genre de celles qui étaient alors si communes. Si en général il ne faut pas se casser la tête à ces jeux de mots, dont le sens échappait aux contemporains eux-mêmes[3], nous croyons cependant qu'il est possible de donner le mot de l'énigme. Nous estimons que Galiot rendait hommage à l'amour de sa première femme. Sans doute il n'est pas impossible

1. D. d'Aussy (*L'église de Lonzac*), déjà cité, lit les lettres H et B. M. l'abbé Julien Laferrière (Congrès arch. de France, LVIIe session, 1890) lit I et H ; M. de Marsy propose la lecture que nous avons adoptée et qui nous paraît plus rationnelle.

2. Nous ne serions pas étonnés qu'ils se soient basés sur des Heures manuscrites qui se trouvent à la Bibl. Nat. Ces Heures, don de Galiot à la duchesse d'Angoulême, ornées de vignettes et d'arabesques, offrent en légende autour des armoiries la double devise.

3. « Le duc d'Alençon, en la bataille de Marignan, crioit à tous : « Souveignevous chacun de vostre dame, car au regard de moy je n'oblyrai point la mienne. » Et à la longueur de troys picques des ennemys il avoit l'espée en la main et cryoit « saincte Genevieve » tant qu'il povoit, qui est une damoyselle qui est à Amboyse,

que la mère de François Ier, qui, à quarante-sept ans, s'éprenait d'un si beau feu pour le connétable de Bourbon, de dix ans plus jeune qu'elle, n'ait pas repoussé l'hommage de Galiot; mais il est difficile d'admettre que si, en pareille circonstance, il avait fait choix d'une devise amoureuse, il se fût complu à la répéter des centaines de fois sur un monument religieux, et jusque sur le tombeau de l'épouse qu'il avait perdue ; cette répétition eût été une insulte qu'on ne comprendrait pas. Il doit donc exister une corrélation entre la première devise et la seconde SICVT ERAT IN PRINCIPIO. Le rapprochement de ces mots, éveillant l'idée d'un amour qui ne devait pas avoir de fin, cadre mal avec l'idée d'un coupable attachement, ou même d'un amour platonique pour Louise de Savoie; il nous rappelle donc l'éternité d'un amour pour VNE qui, à notre avis, ne peut être que Catherine d'Archiac[1]. Enfin, pour faire toucher du doigt combien l'accusation ci-dessus est dénuée de fondement, il suffit de remarquer que Louise de Savoie était morte en 1530, et que la devise incriminée se trouve cependant sur des monuments certainement postérieurs.

de quoi il fait semblant d'estre amoureux. » (*Revue des Quest. hist.*, juillet 1899, p. 72. A. Spont, *Marignan et l'organisation militaire.*)

Philippe Pot, seigneur de Laroche, sénéchal de Bourgogne, très dévot à la Vierge Marie, avait pris pour devise : *Tant L vaut.*

En voici l'explication :

Sauve-moi, Dame très heureuse,
De la prison tant rigoureuse
Où l'on ne voit que cruauté;
Garde-moi d'y estre bouté,
Car à chacun tu es piteuse.
Mère de Dieu,
Tant L vaut et a valu
A celui qui l'a reconnue,
A celle qui dist ce mot
Je suppliant Philippe Pot :
Tant L vaut.

1. D. d'Aussy, *L'église de Lonzac*, déjà cité. Certains, considérant que nombre de bas-reliefs portent IAIME FORTVNE, ont estimé que Galiot louait la fortune des combats, la gloire des champs de bataille. Cette interprétation nous paraît sans valeur, d'autant que parfois FORT et VNE sont séparés par un point, pour éviter la méprise.

Revenons à la description de l'édifice. On sait avec quelle magnificence étaient décorées les façades et les entrées des églises romanes et ogivales. Par opposition peut-être, l'architecte de la Renaissance a à peu près sacrifié cette partie de l'édifice. Deux portes accouplées, de dimension fort ordinaire, donnent accès dans l'église; elles sont surmontées de deux bas-reliefs mutilés, mais où cependant on reconnaît Hercule au berceau qui étouffe les serpents, et Hercule triomphant du lion de Némée, allusion discrète aux exploits de Galiot, tous sujets que nous retrouverons au château d'Assier. Au-dessus, le double écusson, aujourd'hui effacé, d'Archiac et de Genouillac, est accompagné de trois niches dont les statuettes ont disparu. Le tout est surmonté d'une moulure cintrée reposant sur des volutes et s'arrête à mi-hauteur de la façade; le reste de la muraille est nu et sans ornements et se termine par un pignon aigu orné de crosses de feuillage. Du clocher, plusieurs fois frappé par la foudre, et qui s'élevait à trente mètres, il ne subsiste plus que la base. L'intérieur saisit par la bonne harmonie de ses proportions : les voûtes sont surbaissées, et l'on remarque aux clefs de légers pendentifs. Autour du chœur se retrouvait la fameuse devise qu'un zèle intempestif a changée par ce vers d'une hymne connue : MONSTRA TE ESSE MATREM.

Dans une chapelle à gauche du chœur, aujourd'hui transformée en sacristie, se trouvait le cénotaphe de Catherine d'Archiac; il n'en reste plus que le cercueil de pierre contenant les ossements inviolés[1]. C'est là que, selon l'intention du grand-maître, chaque jour à perpétuité devait se célébrer une messe pour le repos de l'âme de son épouse. Là, chaque samedi, le jeune clerc servant de messe, debout sur le premier degré de l'autel, disait tout haut au célébrant : « Ayez en remembrance l'arme de fue madame Catherine d'Archiat, en son vivant dame de Lonzac et seneschalle d'Armignac »; il rece-

1. M. l'abbé Julien Laferrière (*Congr. arch.*, déjà cité) prétend que les restes mortels de Catherine d'Archiac n'ont jamais été déposés dans cette chapelle, qui n'aurait été qu'un édicule d'où les châtelains pouvaient assister aux offices, ce qui n'est pas improbable; la dépouille mortelle aurait été provisoirement déposée non loin de là, dans l'église d'Arthenac.

avait *pour son loyer et peine* trois deniers tournois, le célébrant deux sols six deniers, les chantres également deux sols six deniers. Ainsi l'avait établi Galiot le 25 mai 1530, par acte passé entre lui et les habitants de Lonzac[1]. Pour acquitter ces charges, il fit à la fabrique de l'église de grandes libéralités[2].

Quel fut l'architecte de ce monument? On a invoqué le nom de Nicolas Bachelier, célèbre maître toulousain. Une tradition perpétuée dans le pays, répétée par les archéologues, attribue à cet élève de Michel-Ange cette église et les constructions d'Assier dont nous allons parler. Cette opinion, d'abord combattue, rencontre aujourd'hui plus d'un partisan. Ceux qui tenaient naguère que, au château d'Assier, tout rappelait l'architecture des bords de la Loire, réagissaient contre une tendance qui avait fini par attribuer à Bachelier toutes les œuvres indistinctement que l'on rencontrait dans la région toulousaine et au delà. Sans doute, les constructions de Galiot portent un cachet si personnel, qu'on ne peut guère les rapprocher d'autres similaires, et par ce moyen parvenir à les attribuer sûrement à tel architecte ou à telle école; cependant les bas-reliefs des pilastres d'Assier peuvent être comparés à ceux de la porte isolée à Saint-Sernin de Toulouse, et aux arabesques de l'église La Dalbade en la même ville. Ce rapprochement montre un grand air de parenté, « et certes il fallait être du pays où le droit de litre subsistait, pour imaginer la riche et haute frise qui, à deux mètres au-dessus du sol, épouse toutes les saillies extérieures[3] ».

1. Un vidimus sur parchemin, aux archives de la fabrique de Lonzac, fait connaître ce contrat reproduit dans les *Arch. de la Saintonge et de l'Aunis*, VIII.

2. « Catharinam Archiacam Santonensem Jacobus duxit. Huic demortuæ, in Lunzaci agro vicino, sepulchrum et templum eximiora a fundamentis excitavit donisque non contempnendis ditavit. » (Nicolaus Alani, *De Santonum regione*, Saintes, Audebert, 1598, in-4°.)

3. Léon Palustre, *L'Architecture de la Renaissance*, p. 262. Le baron Chaudruc de Crazannes (*Annuaire du Lot*, 2e partie, p. 30), et d'autres après lui, ont attribué à Bachelier non seulement Assier, mais bien d'autres œuvres de la Renaissance au pays toulousain. Les archéologues, après les recherches de M. de Malafosse et les trouvailles faites dans les minutes notariales de Toulouse, sont revenus de cet emballement.

En 1571, Nicolas Bachelier et Hugues Néron, maîtres-maçons, estimaient ensem-

Château d'Assier

Mais il y a une œuvre plus considérable à laquelle le grand-maître de l'artillerie voulut attacher son nom. Six mois avant que François Ier appelât à sa cour le Primatice et le Rosso, pour construire le palais de Fontainebleau, il voulut se bâtir une demeure digne de sa fortune. Jetant bas l'humble manoir paternel, il éleva, en 1524[1], le monument « le plus somptueux du Quercy et même de la France entière, en fort laide assiette et en fort laid pays, pierreux, raboteux, montagneux, tout plein de barricaves ». Les amateurs du pittoresque et de la belle nature ne partageront point le dédain que cache à peine cette description sommaire et déplaisante faite par Brantôme. C'est au milieu de ce site agreste, non loin d'un ruisseau qui s'engouffre sous les rochers, que le grand-maître éleva un des plus beaux châteaux de France.

Quatre corps de logis, longs de cinquante-six mètres, entouraient une cour carrée ; une tour ronde, de vingt-cinq mètres de circonférence, flanquait chaque angle du quadrilatère. Sur la façade principale, à l'Ouest, au-dessus d'une corniche saillante, se voyait la statue équestre de François Ier, dont il reste encore les amorces, tandis qu'un habitant conserve la tête de la statue royale[2]. Galiot témoignait ainsi sa reconnaissance envers un prince qui l'avait comblé d'honneurs. Dans le tympan on voit encore la salamandre, emblème du roi-chevalier. Un étage unique s'élevait sur rez-de-chaussée[3]; des lucarnes, se détachant sur l'ardoise sombre des toitures, se faisaient remarquer par leur ornementation. Vue de la cour, la construction devait produire un effet

ble les constructions du château de Terride en Gascogne (P. Thoele, not. de Bourret). La présence d'Hugues Néron, habitant de Cajarc, indiquerait-elle une association d'architectes pour des constructions à faire en Querci, de concert avec Bachelier? Ce n'est pas impossible, et il était au moins utile de le signaler.

1. Ms de l'abbé de Fouilhac. (Lacoste, *Hist. du Quercy*, IV, 59.)

2. M. Murat de Montaï, maire d'Assier et propriétaire des ruines.

3. Au Midi la dépression du terrain avait nécessité un étage de plus, ainsi qu'on peut le voir à un plan cavalier daté de 1682, conservé à la Bibliothèque Nationale.

Chateau d'Assier en 1682

surprenant : la façade intérieure du corps de logis de l'Ouest, seul subsistant aujourd'hui, est encore vraiment remarquable; une *loggia* centrale est supportée par des colonnes; des pilastres sont séparés par des modillons à têtes saillantes, dont l'idée est empruntée aux monuments florentins ou plutôt à l'antique. Dans une frise élégante, le ciseau du maître-maçon a représenté des trophées d'armes, des canons affrontés rappelant la dignité du grand-maître de l'artillerie, l'épée, attribut du grand écuyer, des guirlandes, des boulets, des grenades, des combats d'artillerie. Les escaliers, placés aux deux extrémités du corps de logis, présentaient l'aspect le plus noble avec des sculptures d'une grâce exquise. Sur les pilastres en pierre fine d'Issepts, s'épanouissaient les plus délicates arabesques. Là on voyait Hercule étouffant le lion de Némée et le même demi-dieu triomphant d'Antée. Sous la première de ces sculptures on lisait le nom de GALIOT, sous l'autre I AIME FORT VNE. Cette devise est encore répétée nombre de fois aux frises, dans des cartouches suspendus à des trophées ou portés par des amours; d'autres fois elle est ainsi variée : OVI IE LAIME SICVT ERAT IN PRINCIPIO. De fines arabesques couvrent encore les pilastres de l'escalier central et tous les montants des portes et des fenêtres. Dans ces sculptures, si l'on ne peut s'empêcher de constater que les personnages laissent souvent à désirer au point de vue du dessin, par contre les cartouches, les trophées, toutes les ornementations en un mot sont d'un goût exquis. Un plan cavalier du château, daté de 1682, conservé à la Bibliothèque Nationale. nous montre une disposition qui étonnera peut-être quelques archéologues : le comble de l'aile du Nord est en forme de carène, disposition qui aurait été inventée seulement en 1560 par Philibert Delorme. Il est intéressant de signaler ici un précédent, et il sera difficile de prouver que cette toiture ait été refaite postérieusement à la mort de Galiot.

Toutes ces richesses artistiques n'étaient rien auprès des trésors que Galiot avait accumulés : meubles de prix, vaisselle, tapisseries, « ciels de soie, d'or et d'argent en faisaient la mieux meublée que maison de France », au dire de Brantôme.

Le luxe de cette demeure fit des jaloux. Les envieux, qui venaient de voir l'amiral Chabot dépouillé de ses biens, Semblançay accusé de concussion et pendu à Montfaucon, Olivier le Daim et Jean de Montaigu disgraciés, purent croire qu'un pareil sort attendait Galiot. Déjà, par la pensée, ils se rangeaient dans la rue des Filles-Dieu, devant le monastère de ce nom; il leur semblait voir les religieuses lui donner les trois tranches de pain trempées dans le vin accordées à tout condamné; enfin ils voyaient d'avance son corps pendu aux fourches patibulaires et dévoré par les corbeaux. Cependant telle était la loyauté bien connue de Galiot, qu'ils n'osèrent pas prononcer le mot de concussion; ils se contentèrent de le dénoncer au roi; à son tour, la Chambre des Comptes représenta au souverain que toutes les faveurs dont le surintendant des finances était comblé, constituaient une aliénation du domaine royal. « Je le sais, répondit le monarque; vous faites votre devoir de m'en avertir, moi je fais le mien en passant par-dessus les règles ordinaires pour récompenser un service extraordinaire. »

Les courtisans ne s'en tinrent pas là; ils firent circuler tant et si bien des bruits d'infidélité, que François Ier se détermina à demander des explications à Galiot lui-même; celui-ci, que ses soixante-seize ans tenaient éloigné, se présenta à la cour et il n'eut pas de peine à se disculper.

« Sire, répondit-il, certainement il faut que je confesse que quand je vins à vostre service, à la charge des grands estats que vous m'avez donnez, je n'estois nullement riche; mais par vostre moyen et grâce je me suis fait tel que je suis, c'est vous qui m'avez élevé par la faveur que vous m'avez portée. J'ai espousé deux femmes fort riches, dont l'une est celle de la maison d'Archiac, fille très riche; de plus, les estatz que vous m'avez donnez et mes gages, profits et pratiques ordinaires m'ont fort apporté de bien; bref, c'est vous qui m'avez fait tel que je suis, c'est vous qui m'avez donné les biens que je tiens; vous me les avez donnés librement, aussi librement vous les pouvez oster et je suis prest à vous les rendre tous. Pour quant à aulcun larrecin que je vous aye faict, faictes-moi trancher la teste, si je vous en ay fait aulcun. »

Ce simple et noble langage, ajoute Brantôme, qui raconte le fait, attendrit si fort le cœur du roi qu'il lui dit : « Mon bonhomme, ouy, vous dictes vray de tout ce que vous avez dict; aussi ne vous veux-je reprocher et oster ce que vous ay donné, vous me le redonnez et moy je vous le rends de bon cœur; aimez-moi et me servez toujours comme avez faict et je vous seray toujours bon roy, et par ainsy les envieux du bonhomme furent bien etonnez[1]. »

Il existe en faveur du désintéressement de Galiot un témoignage aussi explicite et non moins véridique. Monluc, dont le franc-parler est assez connu, nous le fournit. Après avoir rapporté le dicton touchant Chastillon, Bourdillon, Galiot et Bonneval, il ajoute : « Je veux dire que tous ces quatre seigneurs qui ont gouverné deux roys n'acquérirent jamais tous ensemble quatre mille livres de rente. Quant à Galiot, il a vescu grand aage après les aultres et a acquis par adventure deux ou trois mille livres de rente... O bien heureux roys d'avoir eu de tels serviteurs, et comme l'on peult bien juger qu'ilz les servoient plus pour l'amitié qu'ilz leur portoient, que non par ambition ny avarice qui fut en eux, et que ce qu'ilz demandoient au roy c'estoit plus pour les bons serviteurs que le roy avoit que non pour eux mesmes ! Or fault sçavoir si ceulx qui sont descendeus d'eux meurent de faim pour cella. Ilz en sont plus estimés et honnorés par tout le royaulme de France que ceux qui en ont uzé aultrement[2]. »

Celui qu'on n'appelait plus que Monsieur le grand écuyer rentra heureux et tranquille dans son château, où il put jouir en paix de ses splendeurs architecturales. Dans sa pensée, elles devaient, non moins que ses exploits guerriers, transmettre son nom à la postérité et défier les siècles par leur solidité; hélas ! elles ont subi le sort de toutes les choses humaines. De ces constructions immenses, il ne reste que l'aile de l'Ouest toute en ruines. Tant qu'ils furent habités, jusque sous le règne de Louis XIV, les bâtiments n'eurent

1. *Vie des hommes illustres et des grands capitaines françois*. Leyde, à la Sphère, MDCXVI.

2. *Commentaires*, déjà cité, I, 11.

pas à souffrir. Le 15 juillet 1680, François de Crussol, duc d'Uzès, premier pair de France, y mourut[1]; après lui, sa famille entraînée dans l'orbite du roi-soleil ne quitta plus les antichambres de Versailles. En 1766[2] l'abandon était consommé, les plombs des toitures vendus[3]. Vers la fin du siècle dernier, le château fut aliéné pour éviter des frais d'entretien; aussitôt la bande noire s'abattit sur les bâtiments; ils furent vendus par parcelles et condamnés à être démolis : trois corps de logis furent entièrement jetés bas, les frises furent brisées, les meubles, tapisseries, armes, vitraux, objets d'art, rassemblés avec amour, furent aliénés à vil prix ; les têtes des médaillons furent dispersées[4]. Le marteau armorié de la porte principale a été retrouvé à Coulommiers. Dans un coin perdu du Cantal, on a pu acquérir, pour le Musée du Louvre, deux émaux de Léonard Limousin qui représentent Jeanne et son second époux; ils ornent aujourd'hui la galerie d'Apollon[5]. Quand vinrent les mauvais jours, tout était déjà à l'état de ruines, le marteau révolutionnaire eut peu à faire. Les murs latéraux, épais de trois mètres, et les voûtes ont jusqu'ici résisté aux pluies, mais sur les pans de murs croissent des arbustes qui auront un jour raison des dernières traces de la magnificence de Galiot.

Ces ruines, comme aussi l'église dont nous allons parler, ont été classées au nombre des monuments historiques, par décret du 28 octobre 1841. Au point de vue de l'histoire de l'art, elles offrent un véritable intérêt; elles montrent que dès 1524, date de la construction, les artistes étaient ici entièrement affranchis des traditions gothiques : point d'escalier saillant, point d'ornementation ogivale couverte d'un habit selon les nouvelles formules;

1. Etat civil de la commune d'Assier. — Emmanuel de Crussol était né au château le 29 septembre 1650. Il eut pour parrain Emmanuel de Crussol, duc d'Uzès, et pour marraine Marguerite d'Apchier, comtesse de Crussol.

2. Arch. de M. Berton, avoué à Cahors.

3. Communication de M. de Valon, ancien député du Lot.

4. Il y a une quarantaine d'années, on en voyait quatre ou cinq dans la tour de l'imprimerie Plantade, à Cahors ; elles y sont encore.

5. Communication de M. de Valon, ancien député du Lot.

RUINES DU CHATEAU D'ASSIER

l'influence italienne, si visible à Fontainebleau, est ici absente. Tout en faisant une œuvre personnelle, qui devait dénoter à tous le grand-maître de l'artillerie, Galiot avait cependant un mérite plus haut; il avait travaillé pour la gloire de son pays et, sans une spéculation sordide, nous aurions sur les plateaux dénudés du Querci, sinon *la plus superbe maison qu'on sçauroit voir*[1], du moins un château qui, comme celui de Montal également détruit, rivaliserait avec les plus beaux châteaux des bords de la Loire, un joyau de plus pour notre patrie.

A la veille de bâtir cette magnifique demeure, Galiot, trouvant qu'il ne convenait pas à sa haute situation de partager avec d'autres la seigneurie du lieu, avait demandé à Villiers de L'Isle-Adam, grand-maître de Rhodes, de lui céder les droits que possédait l'Ordre sur la paroisse d'Assier; il offrait en échange la seigneurie de Prix en Rouergue, plus la métairie de Lavaur, sise en la paroisse de Foissac. « Le roi, la reine, Madame et plusieurs grands personnages de la Cour » appuyèrent la demande, en faisant valoir les services que Galiot avait rendus à l'Ordre en sa jeunesse dans l'île de Malte et ailleurs[2]. L'enquête, conduite par Guyot de Panat, commandeur du Bastit, Géraud de Masses, commandeur de Canhac, Fouquet de Caritac, commandeur de Latronquière, François de Sanhes, commandeur de Bourdeilles, et par les chevaliers Guillot de Valette, dit Parisot, et Antoine de Planet, fut favorable. C'est pourquoi le 12 février 1534, au camp devant Pavie, quelques jours avant le désastre, Galiot donna procuration à Jean Cornéli, prieur de Fons, doyen de Figeac, pour terminer cette affaire. Acquérant ainsi le hameau de Vialan et d'autres encore, il devint seul seigneur haut, moyen et bas d'Assier, mais à la charge de payer la pension du vicaire perpétuel, consistant en 15 setiers de froment, 5 setiers

1. Brantôme.

2. « Attentoque pariter et considerato quod memoratus de Ginolhaco, dictus Galiot, quamplurima servitia in his temporibus religioni predictæ impenderat in bellando contra Turcos et alios fidei christianæ inimicos in insula de Maltis, supra mare et alibi... » (Bulle du grand-maître du 10 mars 1523 (1524) prescrivant enquête.)

de seigle, 6 agneaux, 2 porcs, 2 pipes de vin ; il dut aussi assurer une maison curiale, un jardin, une chenevière, une charretée de foin ou un pré donnant cette quantité. Le grand-maître se réserva toutefois le patronage, la présentation du vicaire perpétuel et aussi sa dépouille[1].

Eglise d'Assier

Le goût artistique n'étouffait pas en Galiot les sentiments religieux. A la veille de la Réforme, qui fut pour notre pays une diminution de la foi et de la pratique, à une époque où l'art n'avait guère que des tendances profanes, le grand-maître de l'artillerie voulut prouver que, malgré des défaillances inhérentes à la nature humaine, il gardait vivantes et agissantes les croyances de ses aïeux. En 1540, il rebâtit l'église d'Assier comme celle de Lonzac, dans des proportions plus vastes, mais avec le même genre de décors. Là, en effet, ainsi qu'au château, se poursuit, comme une obsession, le souvenir de l'épouse adorée. Telle est l'inscription gravée au-dessus de la petite porte ouvrant au Midi :

SICVT ERAT IN PRINCIPIO IEME FORT UNE
LAN MIL V^{c} ET XL
LE XXI DAVRIL
FVT COMANCEE LA PORTE
LOVAGE A DIEV AISI SOIT IL
AEN.

Inutile de décrire la grande porte, qui ressemble fort à celle de Lonzac; elle n'en diffère que par le couronnement, une seule et haute niche, veuve de sa statue. On retrouve autour de l'édifice la même frise extérieure à deux mètres et demi au-dessus du sol,

1. Archives de M. Murat de Montaï, maire d'Assier, propriétaire actuel du château. Expédition du XVIIe siècle, papier.

EGLISE D'ASSIER

mais plus variée, plus artistique que celle de Lonzac; les mêmes devises s'y lisent : IAIME FORT VNE, SICVT IN PRINCIPIO ; les attributs du grand-maître s'y montrent répétés : épées, cuirasses, boulets, canons traînés par de vigoureux chevaux, forteresses que la canonnade à demi démolit; l'un des bas-reliefs représenterait, dit-on, le passage des Alpes. Les hautes fenêtres cintrées portent un réseau en coquille; au transept nord, un clocher carré, sans flèche, haut de quarante mètres, avec tourelle pour la vis d'escalier, est resté peut-être inachevé. Dans une chapelle à gauche en entrant, on voit le tombeau de Galiot. Les voûtes surbaissées ont des clefs en pendentifs où sont sculptées les armes des Genouillac. Les vitraux, où se lit aussi la fameuse devise, les bancs-d'œuvre, l'élégante balustrade en bois de la chapelle funéraire, respectés par le temps et les hommes, sont ceux même que Galiot fit exécuter. C'est une église qui, par sa structure, n'appartient plus à l'art ogival; les contreforts ont reçu pour amortissements des consoles semblables à celles que l'art de la Renaissance a mises à la mode.

Maison de ville à Figeac

Galiot exécuta encore d'autres constructions. C'était d'abord un moulin sur le Lot, édifié avec luxe auprès de Capdenac ; ses fortifications servirent aux huguenots, entre les mains de qui il tomba en 1581[1]. Il avait fait bâtir aussi une maison à Figeac. Le nom de *Vieilles casernes* qu'elle portait encore il y a quarante ans, nous indique à quel usage elle servait jadis. Frises, décors, verres peints, devises connues s'y trouvaient répétées, quoique avec un faire grossier. On remarquait principalement la porte d'entrée, d'ordre corinthien, dit-on, dont les sculptures s'élevaient jusqu'au comble de l'édifice à une très grande hauteur ; le tympan était soutenu par un Hercule[2]. La maison subit vers 1840 des remaniements regret-

1. J. Girault, *Annuaire du Lot*, 1838.

2. Le baron Taylor, *Voyage pittoresque en France*, a donné une vue de la cour de cette maison.

tables, et les tours d'angle furent abaissées au niveau du toit[1]; les sculptures gisaient dans un magasin et n'allaient pas tarder à subir des mutilations; l'inspecteur des monuments historiques les réclama pour le musée départemental, mais la ville les réserva pour un musée en formation; nous ignorons ce qu'elles sont devenues[2].

Mines métallifères

Dans sa longue vie, pourtant si occupée, Galiot sut trouver le temps de s'occuper aussi de mines : rien de ce qui peut contribuer à la grandeur d'un pays ne devait, à son avis, être négligé. Le 25 décembre 1519, François Ier, par lettres patentes datées de Châtellerault, faisant la première application connue du droit régalien sur toutes les richesses minérales cachées dans les entrailles de la terre, accorda à Jacques de Genouillac, titré seigneur de Capdenac, le pouvoir d'exploiter toutes les mines d'or, d'argent, de plomb, de cuivre et de tous autres métaux qu'il pourrait trouver dans l'étendue de ses domaines[3]. Nous ne saurions dire quels furent les résultats de ses travaux, ni même énumérer les divers endroits où eurent lieu les exploitations; ce que nous pouvons assurer, c'est que les efforts furent assez fructueux pour engager la fille de Galiot, devenue l'épouse du comte palatin, à solliciter la confirmation de ses droits. Une ordonnance royale, en date du 11 novembre 1554, lui reconnut le droit d'exploiter les mines d'or et d'argent, à Capdenac et dans les autres seigneuries de la famille[4].

1. Communication de M. Th. Marty, membre de la Société des Etudes du Lot.

2. Lettre de M. Calvet, inspecteur des monuments historiques, et réponse de M. le maire de Figeac.

3. Brillon, *Dictionnaire des Arrêts des Parlements*, Paris, 1727.

4. E. Duprat, *Traité pratique de la Jurisprudence des Mines*, Paris, 1855, I, 30. L'exploitation des mines métallifères du pays remonte haut dans l'histoire; Strabon écrivait, en effet : Παρά τοῖς ʻΡουθηνοις ἀργύρεις. N'oublions pas que plusieurs des terres et seigneuries de Galiot étaient en Rouergue.

Les Crussol, avec un soin jaloux, revendiquèrent ces droits dans la suite. Un arrêt du Conseil d'Etat, en 1689, avait concédé au duc de Montausier, pendant quarante ans, toutes les mines de charbon du royaume, excepté celles du Nivernais ; un nouvel arrêt du 29 avril 1692 reconnut encore ce privilège à Marguerite-Julie de Sainte-Maure, épouse d'Emmanuel de Crussol, cinquième duc d'Uzès, fille unique du duc de Montausier. Nous savons que dans les vignes de Floirac, en la commune de Lentilhac, des mines de plomb argentifère étaient exploitées au XVIe siècle[1] ; on a rencontré des mines de cuivre dans le grès quartzeux aux environs de Faycelles, des mines de plomb sulfuré avec filons de gneiss et de micaschiste à Aynac ; le rocher qui porte la ville de Capdenac repose sur une couche, large de vingt centimètres environ, de pyrite qui contient du sulfate d'alumine et du sulfate de fer en petite quantité. On vient de remettre en activité les mines argentifères de Combecave, et de nouvelles fouilles sont actuellement pratiquées dans la commune de Planioles. Partie des domaines de Galiot s'étendant en Rouergue, il a peut-être aussi exploité ce qu'on appelle le bassin houiller de l'Aveyron.

Les vignes de Fontainebleau. — Les chevaux du Causse

Galiot avait un jour fait présent au roi d'une certaine quantité de vin de Cahors. François Ier l'ayant trouvé de beaucoup préférable à celui qu'on avait coutume de servir à sa table, résolut de planter à Fontainebleau, sa résidence favorite, un vignoble où l'on ne cultiverait que des cépages originaires de Cahors[2]. Pour se les procurer il eut recours au sénéchal Galiot. La majorité des vignerons de Cahors, rassemblés par le soin des consuls, députa auprès du roi le plus habile d'entre eux, Jean Rival, dit *lou Prince*, au mois de juin 1531. Rival revint au mois de novembre avec un

1. Delpon, *Statistique du Lot*.
2. Lacoste, *Histoire du Quercy*, IV, 61.

commissaire royal; il fit recueillir les meilleurs cépages du pays, repartit ensuite emportant vingt barriques de vin et emmenant trente mulets chargés de plants[1]. Telle est l'origine de la fameuse treille de Fontainebleau et Thomery, dont les raisins sont vendus chaque année à un prix exorbitant, bien qu'ils ne dépassent pas en beauté les chasselas de Montauban, lieu d'origine probable de ce plant.

S'il fallait en croire la tradition[2], ce serait un fait acquis que Galiot aurait amélioré la race des chevaux du Causse à l'aide d'étalons orientaux. Rien d'étonnant à cela de la part d'un esprit aussi ouvert que celui de Jacques de Genouillac, étant donné surtout qu'il avait besoin de bons chevaux pour remonter son artillerie. Si ce point n'est pas prouvé, il n'est cependant pas improbable. En effet, Galiot visitant, de concert avec Nicolas de Neufville, le palais de Fontainebleau, décrit, dans une lettre au roi, la beauté des bâtiments et des jardins, et parlant de sa visite au haras, il

1. L'an MDXXXI, lo mes de jung foro presentadas certenas leteras missivas del rey nostre soveran senior, adressadas a monsenior le senescal, et mandava lo dit senior que ly fos trames ung vigneirou de Cahours per advisar et conduyre de far ung claus de vinha a Fountaineblou. Et apres que los seniors cossols averou assemblats la plus part dels vignerous de la vila, fouet conclud de y trametre Jehan del Rival, dit Prince, vignerou de Cahours, loqual y anet; et apres en novembre per ung commis pel lo dit senior Rey forent assemblats gran numbre de plans de las vinhas de Cahours et conduits al dit Fountaineblou, pres de Paris. Et lo dit Rival, dit Prince, qu'era retornat, s'en tornet autre viatge am lo dit comes per lo Rey per condure lo dit plan, et ne fezet portar lo dit comes XX barricas de vi per lo dit senior Rey et trenta mulets cargats del dit plan.

Estans cossols aquel an Frances Fabre, payre, Beraldy..., Peyre Lassoudrie, Jean Roques, Frances Picamille, notari, Huguet Bruni, Peyre Gasc, Charles Lormet, Antoni Tournie, Jean Roula, Guiral Pezet et Peyre Gaillart. (*Comptes municipaux de Cahors*, livre tanné.)

L'historien Lacoste fait remarquer que ce qui a maintenu la réputation des vins de Cahors, c'est non seulement le soin avec lequel les cépages étaient sélectionnés, mais encore la vérification à laquelle étaient soumises, de par les ordonnances municipales, toutes les vignes nouvellement plantées, et l'obligation d'arracher les plants exotiques. On peut ajouter encore la défense expresse de mettre des engrais.

2. *Journal du Lot*, août 1875, article sur le concours agricole de Saint-Céré.

s'arrête complaisamment sur le nombre, l'âge et les qualités des chevaux[1].

Dernières années de Galiot

Galiot, avancé en âge, ne devait plus guère reparaître sur les champs de bataille. Il profita de son crédit pour faire donner à son fils une compagnie de cinquante hommes d'armes et les titres de chambellan et conseiller du roi. Quant à lui, sa place était désormais dans les conseils du prince qui lui avait accordé sa confiance, et qui écoutait ses avis avec faveur[2]. Quand François Ier se rendit à Toulouse en 1533, pour y tenir un lit de justice, Galiot, dans la séance mémorable qui eut lieu au Parlement, le 4 août, siégea au-dessous des princes et des cardinaux, sur le premier des bas sièges, à titre de grand écuyer[3].

Cependant son fils guerroyait en Italie à la tête de sa compagnie. Quand le marquis de Saluces, trahissant la confiance du roi, eut passé aux Impériaux, il fit connaître à ceux-ci le chiffre des vivres qui restaient aux trois villes détenues par les Français. Profitant de la trahison, Antoine de Lève, soldat de fortune, général de Charles-Quint, vint assiéger Fossano. Antoine Des Prés, seigneur de Montpezat, qui y commandait, trompa ses combinaisons en économisant les vivres ; la menace de s'ensevelir sous les ruines de la place et de causer ainsi la perte d'un grand nombre d'assaillants valut à la garnison les honneurs de la guerre, le 6 juillet 1536. Le jeune d'Assier, qui était parmi les défenseurs, fut demandé à titre d'otage de la capitulation. Lorsqu'il eut recouvré sa liberté, il vola à la défense de Marseille[4], dont l'empereur avait

1. Bibliothèque Nationale, ms fr. 3042, f° 122, communiqué par Dom A. Dubourg, O. S. B.

2. *Turmæ quinquagenariæ ex centenaria quam ducebat illum donari procuravit; eum paulo post et consiliarium regium et cubicularium vidit.* (Biblioth. de Cahors, ms de Guyon de Maleville, qui avait extrait ces détails de P. Saliatus.)

3. *Histoire du Languedoc*, XI, 240.

4. Lacoste, déjà cité, IV, 66.

résolu de faire le siège. Monluc nous apprend que *les compagnies de Monsieur le grand escuyer Galiot et du dit sieur de Montpezat, qui vennoient du Fossan,* allèrent rejoindre les troupes du roi à Marseille, *toutes desmontées, n'ayant chascun qu'ung courtault, car à la reddition du dict Fossan, qui se perdit par l'enorme trahison, et peult-estre inouye, du marquis de Salusses, il fausist qu'ilz laissassent leurs grands chevaulx.* Les Impériaux vinrent donc assiéger Marseille, mais devant un manque absolu de vivres et devant un pays méthodiquement ravagé par les Français, ils furent obligés de lever le siège le 11 septembre.

L'année suivante, Galiot se trouvait à Bayonne, chargé de défendre cette place que menaçait l'empereur. Pour ravitailler son armée, le roi ayant demandé un emprunt aux évêques de la Guyenne, le clergé de Cahors fut taxé à cent pipes de vin, cent setiers de froment et cent d'avoine[1].

C'est grâce au crédit de Galiot que, en 1540, le roi nomma son cousin Louis de Genouillac, fils de Jean Ricard II, à l'évêché de Tulle. Ce prélat, qui, selon l'habitude du temps, pratiquait la pluralité des bénéfices, avait en commende les abbayes de Saint-Martial de Limoges et de Saint-Romain de Blaye; il les échangea contre celle de Saint-Lô, le prieuré de Faye en Normandie et le doyenné de Carennac[2]. Son frère Flotard devait lui succéder sur le siège de Tulle.

Galiot était, l'année suivante, avec son fils au siège de Perpignan. Défendue par la redoutable infanterie espagnole que commandait le duc d'Albe, hérissée de canons, la ville résista aux attaques vigoureuses des assiégeants et aux efforts de leur artillerie. Dans une sortie que firent les Espagnols, François d'Assier contribua à les repousser; entraîné par une ardeur inconsidérée, il les poursuivit jusque sous les murs de la place. Déjà il était entouré par les

1. Lacoste, déjà cité, IV, 67. C'est à cette expédition que doit se rapporter ce que dit le *Livre de main des Du Pouget,* déjà cité, p. 49, quand il montre Galiot attendant une attaque de l'empereur qui n'eut pas lieu; il donne à tort, croyons-nous, à cette campagne la date de 1543.

2. Lacoste, déjà cité, IV, 70.

ennemis et en danger de périr, quand son père, accourant avec du secours, parvint à le dégager, non sans avoir reçu une blessure. La perte de sang qu'elle provoqua le jeta dans une faiblesse encore aggravée par le poids des ans : ce vieillard, qui avait souhaité une mort glorieuse sur le champ de bataille, dut se retirer.

Le siège se poursuivit néanmoins, mais sans succès; en vain le jeune d'Assier, qui avait pris le commandement de l'artillerie à la place de son père, suivait les avis d'un célèbre « *engenieur* » nommé « Iheronim Marin qu'on estimoict le plus grand homme d'Italie pour assiéger places. Il me print envie, dit Monluc, d'aller au camp pour apprendre quelque chose du dict engenieur. Et comme je feuz là, je me rendis près Monsieur d'Assié, qui commandoict l'artillerie en l'absence de son paire, lequel ne bougeoict d'auprès du dict Iheronim Marin. Et feuz aux approches qui se firent de la cité de Perpignan laquelle on assiegea; mais dens deux nuictz je cogneuz qu'il ne faizoict rien qui vauzist, car il commensa les trenchées si loing que de huict jours ne pouvoict estre en batterie[1]. » La maladie s'introduisit dans l'armée par l'abus des fruits et par les pluies de l'automne; le roi commanda de lever le siège le 4 octobre 1542. Dans cette campagne périt un compatriote et ami de Galiot, Antoine de Cardaillac, seigneur de Bioule. Fait prisonnier, les ennemis, soupçonnant à la richesse de ses armes un chevalier de grande maison et comptant sur une rançon considérable, se disputaient pour savoir à qui il appartiendrait. N'ayant pu s'accorder, ils eurent la barbarie de le tuer. Le dauphin, qui avait Cardaillac en grande estime, dépêcha un héraut au gouverneur de la ville pour le prier de punir les meurtriers; le gouverneur les lui envoya enchaînés, mais le prince les lui ayant renvoyés dans le même état pour n'avoir pas à les supplicier lui-même, le gouverneur les fit pendre à un endroit d'où ils pouvaient être aperçus du camp français[2].

François d'Assier ayant été choisi pour être de la campagne des

1. *Commentaires*, déjà cité, I, 132.
2. Lacoste, déjà cité, IV, 75.

Pays-Bas, remplit les fonctions de grand-maître de l'artillerie aux sièges de Landrecies et de Luxembourg[1]. C'est à lui et à Philippe de Strozzi que les historiens attribuent principalement la reddition de cette dernière place, qui ouvrit ses portes le 10 septembre 1543.

Toujours en quête d'occasions où il pouvait se signaler, François demanda à faire partie de l'armée qui était destinée à mettre la Picardie à l'abri d'une incursion des Anglais. Peu après, estimant que les grands coups se donneraient en Italie, il alla à Paris pour solliciter la permission de s'y rendre.

Le comte d'Enghien, frère du roi de Navarre, commandait en Italie avec ordre de se tenir sur la défensive, sans jamais livrer bataille. Impatient de combattre et jugeant les circonstances favorables, il dépêcha à la cour le brave Monluc, qui, de simple gentilhomme, devait s'élever au grade de maréchal de France. Dans le conseil que tint le roi au Louvre, la plupart des conseillers, parmi lesquels Galiot, opinaient pour la défensive ; ils faisaient valoir que la perte de la bataille pouvait être fatale au royaume menacé au Nord par les forces de l'Empire et de l'Angleterre. Monluc cependant trépignait d'autant plus qu'on lui avait d'abord fermé la bouche. Cependant le roi ayant voulu l'entendre avant de prendre parti, il dépeignit avec feu le bon état des compagnies, l'enthousiasme des troupes, la consternation que répandrait une retraite, le tort qu'elle ferait à notre prestige en Italie ; puis jetant de tous côtés des regards menaçants, s'escrimant à droite et à gauche, il mit tant de chaleur dans ses discours, que les vieux guerriers du conseil en vinrent à partager sa manière de voir. Le roi, entraîné lui aussi par cette faconde toute gasconne et par cette bouillante ardeur, leva les yeux au ciel, joignit les mains et jetant le bonnet sur la table, dit : « Ho mon Dieu, je te supplie qu'il te plaise me donner aujourd'hui le conseil de ce que je doibz fere pour la conservation de mon royaulme, et que le tout soit à ton honneur et à ta gloire. » Resté un moment enseveli dans une méditation profonde, le roi

1. « Præfecturam fabrorum ad Landricium illi commisit. » (Manuscrit de Guyon de Maleville, déjà cité.)

se tourna vers Monluc, en disant : « Qu'ils combattent, qu'ils combattent ! »

Monluc, qui n'attendait que ces paroles, descendit joyeux l'escalier du Louvre; une dizaine de jeunes seigneurs, parmi lesquels le fils de Galiot, Dampierre, Saint-André, attendaient avec impatience le résultat du conseil; il leur dit en passant : « Haros y harem aux pics et patacs[1]. Entrès, entrès promptement, si en voulés manger, avant que Monsieur l'amirail se departe du roy. » Cette parole fut entendue; plus de cent gentilshommes obtinrent de M. l'amiral la permission de partir au plus vite pour se trouver à la bataille; le fils de Galiot ne fut pas le dernier. Ne se possédant plus de joie, il alla prendre congé de son vieux père. Celui-ci eut beau le dissuader de cette expédition dangereuse, lui faire remarquer qu'il ne pouvait partir sans équipage, François répondit qu' « il trouveroit là, parmi ses amys, armes et cheval pour le combat »; Galiot insista, mais François ayant prononcé les mots d'honneur et de devoir, le père n'opposa plus de résistance, puis, embrassant son fils et l'arrosant de ses larmes, il ajouta deux fois : « Dy que tu vas chercher la mort en poste[2]. »

Ces tristes pressentiments allaient se réaliser. Ayant franchi en huit jours la distance qui le séparait de l'armée, François arriva à Cerisoles le matin de la bataille. Il salua le duc d'Enghien; à l'exemple des autres gentilshommes, il lui remit son argent pour encourager par cette gratification les troupes étrangères à bien faire leur devoir, et dit : « Allons, Monsieur, allons combattre aujourd'hui qui est bon jour, car Dieu nous aidera. » On combattit en effet le lundi de Pâques, 14 avril 1544; la bataille fut très sanglante, les deux généraux se crurent alternativement vainqueurs et vaincus; les Français l'emportèrent enfin, grâce à la gendarmerie, qui, manœuvrant à l'aise dans la plaine, put ramener au combat

1. Locution gasconne, qui mot à mot veut dire : « Maintenant nous y ferons à coups d'épée et à coups de massue », ou encore « à coups d'estoc et de taille ». (*Commentaires...*, déjà cité, I, 255.)

2. Lacoste, déjà cité, IV, 76.

l'infanterie débandée. Dans une charge, François d'Assier fut renversé et blessé au tendon ; retiré tout meurtri de dessous les pieds des chevaux, il fut transporté à Carmagnole, où il mourut de sa blessure, le 24, à l'âge de vingt-huit ans. C'était, dit son panégyriste, le gentilhomme le plus accompli qu'on eût vu depuis plusieurs siècles[1].

Pourquoi Clément Marot, dans les vers où il célèbre la victoire de Cerisoles, ne fait-il aucune mention de ce compatriote? Est-ce oubli ou rancune? Galiot et son fils n'étaient-ils plus, pour le poète, au rang de ces ombres angéliques qui peuplaient l'Olympe de la cour et dont il se vantait d'être connu? Monluc se montra plus sympathique et plus juste en regrettant la mort de ce jeune chevalier « qu'il aimait, dit-il, plus que lui-même[2] ».

Le roi, très affecté de la mort du jeune d'Assier, voulut porter lui-même à Galiot la fatale nouvelle, en même temps que ses témoignages de sympathie et de condoléance. Il serait difficile de peindre la douleur du vieillard; néanmoins, la résignation amenée par la foi chrétienne prit bientôt le dessus : « Je vous remercie, Seigneur, aurait-il dit; vous m'aviez donné ce fils, vous me l'avez retiré quand il vous a plu »; puis, se tournant vers le roi : « Réjouissez-vous, Sire, ajouta-t-il, que Dieu m'ait donné un fils digne de tomber à votre service et pour la défense de la patrie[3]. »

François d'Assier avait été fiancé à Louise d'Estampes, dame de

1. « 1544 idibus aprilis apud Ceresuolam vulneratus, ad octavum calendas maias obiit, præsertim vulnere ad poplitis tendonem accepto, annos natus viginti et octo. » (Manuscrit de Guyon de Maleville, déjà cité.)

« Deportatur Carmagnolam, oppidum proximum. Illuc chirurgorum medicorumque arte consumpta in vulnere præsertim quod ad poplitis tendonem acceperat, ad octavum calendas maias ingenti omnium luctu excessit e vita. Justa ei persolvit Carolus Crussolius, corpusque ejus solemni pompa et exquisitis ceremoniis funeratum Taurinos templum divi Joannis deportandum curavit, ubi ferculo pensili conditum servatur. » (*Vita Francisci Galioti*, déjà cité.)

2. *Commentaires*, déjà cité, I, 256.

3. « Morte per regem nuntiata exclamasse pater fertur : Grates tibi agò, Deus, quia quem dederas abstulisti. Deinde : Gaude, rex clementissime, quod eum genuerim filium qui tibi patriæque fortiter pugnans occubuit. » (*Vita Francisci Galioti*, déjà cité.)

la Ferté-Nabert, fille de Claude et d'Anne de Robertet, alors qu'elle n'était âgée que de sept ans; il l'avait épousée le 8 avril 1540. Celle-ci, restée veuve à l'âge de dix-sept ans, avec une fille du nom de Jeanne, fut remariée dans l'année même, par ses tuteurs, à Jacques de Menou, sieur de Boulay[1].

Pour adoucir la douleur du vieillard, le roi reporta ses faveurs et les dignités du défunt sur sa famille. Charles de Crussol, par lettres-patentes datées peu de jours après la bataille de Cerisoles, eut la charge de sénéchal d'Armagnac et de Querci. Le 23 février 1545 (1546 n. st.), par lettres données à Garennes, Galiot reçut lui-même le gouvernement du Languedoc[2], ordinairement réservé aux princes du sang; il y succédait au duc d'Enghien et devait y être remplacé par le fils aîné du dauphin. A la date du 22 juillet, Galiot donna la lieutenance de ce gouvernement ès quartiers de Toulouse et de Carcassonne à son cousin Flotard de Gourdon, vicomte dudit lieu, seigneur de Cénevières[3].

Testament de Galiot. — Sa mort. — Son tombeau

Galiot pensait alors plus à sa fin qu'aux charges dont l'amitié de son roi l'avait honoré. C'est pourquoi, « considérant qu'il n'est chose plus certaine que la mort, ni plus incertaine que l'heure d'icelle », il voulut, le 9 juin 1545, faire son testament[4]. « Après avoir recommandé son âme à Dieu tout-puissant, et à la glorieuse Vierge Marie et à tous les saints et saintes du Paradis », il demanda de reposer en une chapelle de l'église neuve d'Assier, à côté de son fils, dans un tombeau qui devait être élevé selon « le portrait dont elle a esté encommancée », c'est-à-dire d'après les plans et

1. Arch. de M. H. de Gourdon de Genouillac.
2. *Histoire de Languedoc*, XI, 536, *Preuves*.
3. Dominici dit avoir vu les lettres en parchemin de cette lieutenance.
4. D'après le Père Anselme, il avait fait à Lyon, le 15 août 1523, un autre testament dont nous ne connaissons pas la teneur. Dominici lui attribue encore un codicille du 29 mai 1546 que nous ne connaissons pas davantage.

dessins qu'il laissait à sa fille. Il voulut que les restes de Jean de Genouillac, enseveli à Angers, et de Catherine Du Bosc, ses père et mère, fussent, avec ceux de son oncle Galiot, grand-maître de l'artillerie, déposés dans un tombeau en avant du maître-autel. Il fonda une messe solennelle avec diacre, sous-diacre et sonnerie de cloches, qui devait se célébrer chaque jour à perpétuité; il donna pour cela aux recteur et prêtres, en se réservant les pailles, les dîmes de la paroisse d'Assier qu'il avait acquises du grand-maître de Rhodes. Il légua, sur la terre de Boysson, cent livres de rente viagère à Colette de Genouillac, sa fille naturelle. Dans ses dispositions dernières, Galiot constitua encore à Jeanne, fille de François d'Assier, une dot de deux mille écus d'or, plus l'entretien convenable jusqu'au jour de son mariage. En outre, il légua à dix pauvres filles dix livres tournois à chacune, pour les aider à se marier, et à dix pauvres garçons autant pour « les entretenir aux escoles ou mettre à mestier ». Enfin il assigna une indemnité uniforme de dix livres tournois à toute personne qui justifierait de quelque créance ou prétention sur ses biens[1].

Si nous en croyons Lacoste[2], Galiot, bien que le testament n'en fasse pas mention, eut aussi un fils naturel, du nom de Jean, dit Saint-Quentin, qui devint chanoine de Cahors et prieur d'Escalmels. Quant à Colette, elle épousa le seigneur de la Trayne. Devant ces faiblesses morales de notre héros, plus d'un lecteur se récriera peut-être. Ces faiblesses, nous ne les excusons pas, mais nous nous permettons de faire observer que, à notre époque un peu prude, il n'y a pas moins de désordres qu'autrefois, sans qu'il y ait réparation. Les nombreux fruits d'illicites amours, laissés sans éducation et sans secours, s'ils étaient consultés, pourraient nous dire, des deux manières d'agir, quelle est la plus convenable; des deux époques, quelle est la plus morale.

Les donations et les bonnes œuvres plus haut mentionnées dépeignent Galiot comme un seigneur débonnaire et charitable;

1. Grosse du testament aux archives de M. de Valon, ancien député du Lot.
2. Lacoste, déjà cité, IV, 90.

au milieu de faiblesses inséparables de la nature humaine, elles nous montrent ses sentiments religieux. Galiot était bon envers ses vassaux : en 1537 il avait confirmé à ceux d'Assier la possession de privilèges communaux ; il leur avait concédé le droit de pacage dans la Devèse, la jouissance des eaux et fontaines du Repos, et l'exploitation des bois pour le chauffage, moyennant une légère redevance[1].

Le testament contenait encore quelques autres dispositions moins importantes : le curé et les prêtres obituaires, bénéficiaires des dîmes, eurent en cette qualité la charge des combles de l'église ; cette attribution ne fut pas inutile, car la toiture fut incendiée en 1581, peut-être par les huguenots.

Galiot laissa la survivance de la charge de capitaine de Capdenac et de celle de viguier-juge de Figeac, outre une maison à Lyon, à Guy de Cambefort, seigneur de Cambion, et à son frère Jacques, seigneur de Salvanhac. Guy était son intendant, et ses comptes apurés furent approuvés jusqu'en janvier 1541.

Les exécuteurs testamentaires furent Charles de Crussol, son gendre, Antoine de Pélegrin, seigneur du Vigan, N. de Genouillac, seigneur des Rotiers et abbé du Mont-Saint-Quintin, qui figure aussi au nombre des témoins. Les autres témoins étaient Raimond de Gontaut, seigneur de Cabrerets ; Jean de Beauze, seigneur de Belcastel ; Gilbert du Port, seigneur du Port ; Me Louis Sigarre, docteur en médecine ; Antoine Colomby, licencié en droit, de Figeac, et C. Quatresolz, secrétaire[2].

C'était le temps où l'hérésie de Calvin, par les prêches et par des livres apportés de Genève à belles charges, infiltrait dans notre pays le poison de l'erreur. Se sentant près de sa fin, Galiot, témoin des premiers efforts des réformateurs, fit venir auprès de lui sa fille et lui adressa quelques paroles, pour lui recommander un attachement profond à la religion catholique ; il lui fit même jurer de ne

1. Archives de M. Murat de Montaï, maire d'Assier.

2. Le testament fut reçu par Me Pierre Cabridens, notaire de Figeac ; la minute existe encore en l'étude de Me Austry, à Figeac.

point prêter l'oreille aux nouveautés doctrinales, la menaçant de sa malédiction, elle et ses vassaux, en cas de défection. Ce discours avait fait impression sur l'esprit de Jeanne, mais le temps en effaça le souvenir. En effet, ayant épousé, le 11 avril 1546, en secondes noces, Jean-Philippe, comte palatin du Rhin, qui avait embrassé la Réforme avec ardeur, elle épousa aussi les croyances de son époux. Pendant que Casimir, fils du rhingrave, portait secours aux protestants français, et ne promettait à ses reîtres d'autre solde que le pillage des églises, Jeanne entraînait ses enfants dans l'hérésie.

De Charles de Crussol elle avait eu sept enfants : Antoine, Jean, Jacques, Charles, Louis, Galiot et Marguerite. Antoine, chef du nom et d'armes, fut, croyons-nous, créé duc d'Uzès en 1565, duc et pair en 1572 ; il écartela sous sa couronne ducale ses armes de celles des Gourdon de Genouillac. Jacques, le troisième, marié à Louise de Clermont-Tonnerre, prit le titre de baron d'Assier, et c'est sous ce nom qu'il est désigné dans l'histoire de nos troubles religieux. Digne émule du baron des Adrets, il se mit à la tête du parti protestant en Querci, et il leva dans le Languedoc et le Dauphiné jusqu'à vingt-cinq mille hommes. C'est lui qui, en 1568, amena à Saintes six mille hommes de troupes huguenotes, pour grossir l'armée de Coligny et combattre ensuite à Jarnac. Il défendit Cognac contre l'armée catholique.

Pour bien manifester ses sentiments, il avait, dit Le Laboureur, fait peindre sur sa cornette verte une hydre composée de têtes de cardinaux et de moines qu'un Hercule abattait avec sa massue ; au-dessous, sa devise : QVI CASSO CRVDELES, était l'anagramme de son nom Jacques de Crussol. Cette enseigne, déployée à la tête d'une troupe déjà échauffée par l'enthousiasme, était pour chaque soldat une exhortation à se signaler par des exploits tels qu'ils étaient dépeints. Aussi tout ce qui paraissait toucher au culte romain éprouva leur fureur. Ils démolirent les églises, dévastèrent les monastères de fond en comble, passèrent au fil de l'épée les prêtres et les religieux, et jusqu'aux religieuses que les derniers outrages ne sauvèrent pas toujours de la mort. Briquemaut, un de leurs chefs, se fit faire un collier des oreilles de ses victimes; il les portait comme une parure[1]. Nous n'insisterons pas davantage sur ces horreurs, d'autant plus que la soldatesque catholique ne montra quelquefois pas moins de cruauté. Jacques put, grâce au crédit de son frère Antoine, échapper au massacre de la Saint-Barthélemy, mais leur frère Jean y trouva un trépas horrible.

La magnifique résidence d'Assier devint le pied-à-terre des ministres et des huguenots de marque, de Bessonies, de Marchastel[2]. Girard et Compaing, commissaires royaux pendant les troubles, et dont Monluc a raconté les sourdes menées, y reçurent l'hospitalité en 1561 et y furent endoctrinés pour condamner les catholiques de Cahors. Jeanne fit même offrir dix mille francs à Monluc, pour qu'il n'empêchât pas le jugement des commissaires de sortir son effet. Cependant Calvin, appelé au château, y aurait fait un assez long séjour; la tradition désignait jadis le cabinet où il avait travaillé à des ouvrages de controverse; son buste, qui décorait une des salles, a été vendu il n'y a pas longues années. Le réformateur prêcha dans l'église, mais comme les vassaux se montraient peu disposés à embrasser la nouvelle foi, Jeanne eut recours à la violence, peut-être même aux *johannots* et aux nerfs de bœuf décrits par Monluc, et qui étaient bien faits pour avoir raison de toutes les résistances. Une simple paysanne, la nourrice de Jeanne, fut seule à l'abri de la persécution. Un jour elle accourut au château, échevelée, versant des larmes; à la dame attendrie qui lui demandait le motif de ses pleurs, elle répondit d'une voix entrecoupée de sanglots : « Madame, je viens vous demander une grâce, c'est de me laisser mourir dans la religion de Monsieur votre père. » Ces mots touchèrent le cœur de Jeanne, la nourrice et sa famille ne furent pas inquiétées[3].

Jeanne mourut dans l'hérésie et fut néanmoins ensevelie au tombeau de son père; en 1678 ses restes furent enlevés par ordre

1. Lacoste, déjà cité, IV, 156, 159.
2. Anquetil, *Hist. de France*, III, 240.
3. Abbé Debons, *Annales de la ville de Figeac*. — Lacoste, déjà cité, IV, 120.

de Mgr de Sevin, évêque de Cahors, et transportés au cimetière protestant. Deux ans après, le 20 juillet 1680, la chapelle, polluée par la sépulture de cette hérétique, fut réconciliée par Mgr de Nicolaï; deux jours après, le corps de François de Crussol, duc d'Uzès, premier pair de France, y fut déposé dans un coffre de plomb, au-dessus du cénotaphe de Galiot[1].

Attristé de la perte de son fils, désabusé des grandeurs, Galiot était mort chez une de ses nièces à Végennes, dans sa quatre-vingt-deuxième année, le 15 octobre 1546[2], deux cent douze ans après un autre Quercinois, et le plus illustre de tous, le pape Jean XXII. A ses obsèques assistèrent cinq cents « prêtres disant et célébrant messe et office des trépassés..., et à un chacun fut bailhé et donné quatre livres tournois[3] ». Pareille assistance et semblables largesses se renouvelèrent aux services de quarantaine et de bout d'an. Tous les pauvres allants et venants reçurent trois deniers tournois. Un office funèbre fut célébré chaque mois pendant un an dans les églises de Livernon, Lunegarde, Reilhaguet, Camy et Capdenac.

1. Archives communales d'Assier, Etat civil.

2. Végennes, près de Vayrac (Lot), est situé dans le département de la Corrèze. — *Le livre de main des Du Pouget*, déjà cité, p. 57, fait mourir Galiot à Assier, le vendredi 15 octobre, à l'âge d'environ cent neuf ans. Nous nous basons sur les pièces suivantes des archives de M. le marquis de Cardaillac, ancien capitaine des mobiles du Lot, descendant de Galiot par les femmes : « L'an 1546 et le 15 octobre, vendredi, mort de Galiot de Ginouillac, chevalier de l'Ordre du roi, chevalier, grand écuyer de France, grand-maître de l'artillerie, grand gouverneur du Languedoc et sénéchal du Quercy, capitaine de cent hommes d'armes et seigneur d'Assier, et oncle de noble Florette de La Roque, femme de noble Gabriel de Cardaillac. » (Certificat signé par le curé de Végennes.)

Quand Esme de Cardaillac, les 30 août 1666 et 7 janvier 1667, fit ses preuves de noblesse, il « produisit le registre des actes bap. et mortuaires de la paroisse de Vegennes, dans lequel est un acte du decès de noble Galiot de Genouillac, chevalier de l'Ordre du roi, chambellant, grand-maître de l'artillerie, grand gouverneur de Languedoc et senechal de Quercy, capitaine de cent hommes d'armes, oncle de feue noble Flore de La Roque, en son vivant femme de noble Gabriel de Cardaillac, vivant, seigneur de Vegennes, Curemonte..., et grand maître d'hôtel de la reine de Navarre en date du 15 octobre 1546. »

3. En comparant le pouvoir de l'argent aux deux époques, on peut évaluer 4 livres tournois à 20 francs environ de notre monnaie.

Trois ans après seulement, en 1549, ainsi que l'atteste une inscription datée, la dépouille mortelle de Galiot vint prendre sa place dans l'église d'Assier, dans une chapelle dont la voûte est une merveille d'architecture. Etendue sur un sarcophage en marbre gris, la blanche statue du vieux guerrier, en pierre de Carennac, le représente endormi du sommeil de la mort, un lion à ses pieds. A chaque extrémité du sarcophage est un génie portant une lance d'une main et de l'autre un cartouche où sont énumérés les divers titres du défunt. Deux colonnes composites supportent un entablement avec les armoiries de Galiot et diverses statues allégoriques. Sur la frise on lit ces deux sentences :

APRES LA MORT BONNE RENOMMEE DEMVREE

MANET POST FVNERA VIRTVS,

dont l'une est la traduction de l'autre. En avant, le grand-maître est représenté debout, couvert de son armure, casque à terre, le pied posé sur une pile de boulets ; un gros canon monté sur son affût est servi par deux artilleurs, plumet au chapeau.

Dans un cartouche placé au-dessus de l'entablement se lisent, en guise d'épitaphe, ces vers écrits sur huit lignes :

CY. DORT. CELVI. QVI. N EVT. IAMAIS. PROPOS.
DE. REPOSER. EN. LA. VIE. MORTELLE.
LES. LONGS. TRAVAVLX. LVY. ONT. DONNE. REPOS.
CAR. PAR. SES. FAICTZ. SA. VIE. EST. IMMORTELLE.[1]

Cette haute et nette affirmation de Galiot devant la postérité renferme un charme particulier et n'est pas sans grandeur ; si elle

1. Cette épitaphe est à rapprocher de celle que Monluc, qui fut incontestablement un vaillant, et fils aussi de la Gascogne, eût voulu faire graver sur son tombeau :

CY DESSOVS REPOSENT LES OS
DE MONLUC QVI N EVT ONC REPOS.

avait besoin d'être justifiée, il n'y aurait qu'à faire observer qu'elle n'a choqué aucun contemporain.

Quoique éclipsée par la figure du roi-chevalier, celle de Galiot n'en est pas moins une personnification de son temps par ses goûts artistiques, sa valeur et sa gloire militaire. L'amitié de trois rois légendaires eux-mêmes, la richesse, de vastes domaines, une demeure somptueuse, tout contribue à envelopper celui qu'on nommait avec respect *Monsieur le grand écuyer* d'un prestige que le temps a certainement affaibli, mais que la postérité plus éclairée doit faire revivre[1].

Noble et puissant seigneur, messire Jacques, dit Galiot de Genouillac, chevalier de l'Ordre, conseiller et chambellan ordinaire du roi, maître et capitaine général de son artillerie, grand écuyer de France, sénéchal de Querci, gouverneur de Languedoc, posséda les seigneuries d'Assier, Livernon, Lunegarde, Baussac, La Cère, Montrichard, Chaslard, Capdenac[2], Reilhaguet, Fossac, Grézac, Camy, Lonzac, Plomb, Laleu, ces trois dernières en Saintonge, etc...

Galiot avait le corps souple et robuste, restreint pour la stature à cette hauteur moyenne qui est propre à supporter les fatigues de la guerre; ses yeux étaient bruns, ses cheveux châtain foncé ; la taille devint carrée et épaisse quand il eut dépassé la première moitié de la vie[3], les traits mâles et énergiques, peut-être même hautains[4].

Outre l'armure de grand-maître de l'artillerie que l'on voit au musée des Invalides, le château de Bonnelles, résidence ordinaire des ducs d'Uzès, en possède une autre équestre et complète de Galiot; on la voit en haut de l'escalier d'honneur.

1. M. de Valon, ancien député du Lot.

2. Ces titres et seigneuries sont énumérés dans le testament.

3. *Moniteur officiel*, déjà cité.

4. Le portefeuille de Gaignières, au cabinet des estampes de la Bibliothèque Nationale, renferme deux portraits en pied de Galiot : l'un est tiré d'un vitrail qu'il avait fait exécuter pour la nef de l'église Saint-Paul à Paris, en 1517 ; c'est une aquarelle à teintes presque plates et ternes, lestement traitée. Galiot y est représenté agenouillé sur un coussin rouge ; le fourreau de l'épée, la poignée, la garde, sont jaune d'or ainsi que les éperons.

Galliot portait : *d'azur à 3 étoiles d'or en pal*, qui étaient les armes anciennes de la famille, *écartelé aux 2 et 3 de gueules à 3 bandes d'or*.

. . . .

L'herbe a envahi le splendide palais dont les ruines couvrent le plateau d'Assier ; des richesses qui excitaient l'envie des contemporains, il n'existe plus aujourd'hui de traces ; la puissance de Jacques de Genouillac s'est évanouie, mais sa devise est réalisée : APRÈS LA MORT BONNE RENOMMÉE DEMEVRE : VIVIT GALEOTYS, Galiot vit en Dieu et dans la mémoire des hommes.

TABLE DES MATIÈRES

www.ingramcontent.com/pod-product-compliance
Ingram Content Group UK Ltd.
Pitfield, Milton Keynes, MK11 3LW, UK
UKHW021110290826
14628UKWH00014B/1554

9 782012 886322